GW01605901

assolo

Dello stesso Autore presso le nostre edizioni
I ferri dell'editore

Via Camozzi, 1 – 00195 Roma
info@edizionieo.it
www.edizionieo.it

Art direction: Emanuele Ragnisco
instagram.com/emanueleragnisco
Illustrazione in copertina di Ginevra Rapisardi

ISBN 978-88-3357-431-8

Sandro Ferri

L'editore presuntuoso

edizioni e/o

A Eva e a Sandra
Alle ragazze e ai ragazzi

L'editore presuntuoso

In un mio precedente libretto avevo scritto che l'editore è uno strano individuo che vorrebbe imporre al pubblico la lettura dei libri scelti da lui. La soggettività dell'editore è, a mio parere, un elemento irrinunciabile dei meccanismi attraverso i quali, nell'età moderna, si è sviluppato il processo di pubblicazione e di lettura di testi. Senza questo insolito personaggio, discutibile ed egocentrico, non avremmo letto tutti i libri che abbiamo letto, e comunque non sarebbero stati gli stessi, perché avremmo letto in gran parte altri autori e altre opere. Forse gli stessi Tolstoj o Dumas o Kafka o Proust non avrebbero pubblicato i loro capolavori, o non sarebbero diventati così famosi e così indispensabili alla nostra formazione culturale.

L'editore, quindi, non è un tramite tra gli autori e i lettori, ovvero un "tecnico" che si limita a raccogliere quanto viene prodotto da chi scrive e a metterlo a disposizione – attraverso varie operazioni come l'editing, la stampa, la scelta delle copertine, la distribuzione, la pubblicità – dei potenziali acquirenti. L'editore si rifiuta di essere un semplice intermediario, cerca piuttosto di imporre il proprio gusto, le proprie scelte, la propria personalità.

L'editore non è neppure un esperto di mercato che studia e interpreta i bisogni dei consumatori e li soddisfa attraverso strumenti di marketing sempre più elaborati e precisi.

No, nella mia opinione l'editore è soprattutto un tipo (forse presuntuoso, forse romantico) che legge dei manoscritti (a volte neppure li legge, ma li "annusa", per ricorrere a una metafora che non mi piace ma che può rendere l'idea di qualcuno che intuisce il valore di uno scritto), vi applica sopra il proprio marchio e pretende (perlomeno spera) che vengano letti da lettori paganti.

*

Oggi, a una decina d'anni di distanza dall'uscita dei *Ferri dell'editore* (2011), probabilmente quel soggetto sta scomparendo. Editori di quel tipo ce ne sono sempre meno in giro. Non ce l'hanno fatta. Sono falliti oppure ridotti ai margini del mercato editoriale. In tutto il mondo, non solo in Italia.

Alcuni tra i più bravi sono stati acquistati e assorbiti da grandi gruppi editoriali, dove, anche quando è stato loro consentito di restare a lavorare, sono stati privati dell'autonomia necessaria per compiere le proprie scelte e sono stati sottomessi ai reparti marketing e finanziario.

Altri (diverse centinaia in Italia, raggruppati per lo più nell'ADEI, l'Associazione degli editori indipendenti) hanno mantenuto l'originaria autonomia finanziaria e operativa, ma i loro libri fanno molta fatica a trovare spazio in libreria e a ottenere dei bilanci con il segno più.

Eppure i dati ci dicono che questi editori-soggetto restano una parte importante del mercato editoriale (circa il 50% del fatturato, secondo alcune stime, pur se frammentati dentro una grande quantità di titoli che spesso non vendono neppure cento copie ciascuno) e sovente le loro case editrici sono i cantieri in cui si formano gli autori che domani avranno successo. Soprattutto, sono questi editori, presi nel loro complesso, a garantire la bibliodiversità e il pluralismo delle voci.

Per essere più precisi, questi editori-soggetto – persone che leggono, scelgono, sostengono gli scrittori, decidono i libri da pubblicare – esistono anche al di fuori del recinto degli editori indipendenti. Nei grandi gruppi editoriali ci sono figure, spesso ancora autorevoli e prestigiose, che svolgono la propria funzione di paladini della lettura con intenzioni e modalità sostanzialmente simili a quelle praticate dagli editori indipendenti. Devono però rendere conto ai manager finanziari e di marketing, difendere le loro scelte di fronte alle esigenze rigide di chi deve far quadrare i conti delle aziende. Ma soprattutto non sono più loro, da soli, a decidere cosa dev'essere pubblicato e in quale modo. A farlo sono essenzialmente degli algoritmi che "interpretano" ed elaborano i dati del mercato, le classifiche di vendita, i sondaggi, gli "storici" delle performance dei vari autori o generi letterari. È piuttosto ingenuo pensare, ad esempio, che il vincitore del Premio Strega sia deciso dai quattrocento giurati, su "raccomandazione" degli editor dei grandi gruppi editoriali. In realtà i libri candidati dai grossi editori sono scelti assieme al management economico, in base a precisi calcoli sulle probabilità di vittoria e ovviamente in base alla pressione esercitata dalle varie lobby che si formano attorno agli autori più noti.

Riusciranno quindi gli editori-soggetto a sopravvivere, o non ce la faranno? Saranno sempre più marginali, anche se magari più numerosi che in passato? Quale sarà il loro ruolo? Saranno loro a scoprire nuovi autori e nuove tendenze letterarie, a "imporre" con la propria attività le forme e i modi della lettura? Oppure lasceranno il campo agli editori-macchina, agli editori-algoritmo, e saranno questi ultimi a decidere cosa e quanto si leggerà in futuro?

Vediamo che non si tratta semplicemente di interrogarsi sul domani di una categoria professionale. La domanda ha un respiro molto più ampio: chi ci dirà cosa dovremo leggere, se potremo ancora leggere?

L'omicidio

Ma com'è avvenuta questa mattanza degli "editori-soggetto"? Intanto va chiarito cosa si intende per mattanza. Se si leggono i dati sul numero degli editori operanti in Italia, vediamo che esso è aumentato. Sono circa 5.000 le case editrici in Italia che hanno pubblicato almeno un libro l'anno (dati 2020 dell'AIE, l'Associazione Italiana Editori). In realtà sono solo 2.000 quelle che hanno una continuità minima di produzione e di presenza sul mercato, addirittura meno di mille quelle con un fatturato che consenta di avere almeno uno o due dipendenti e un ufficio distinto dall'abitazione. Sono molto rare le statistiche sulla variazione del numero degli editori nel dopoguerra, ma i dati ci dicono che negli ultimi vent'anni il numero di novità pubblicate è triplicato, e questo implica anche una crescita del numero di editori. Questi soggetti continuano quindi a esistere, ogni anno ne nascono di nuovi e diventano più numerosi che in passato. Ma la loro presenza sul mercato e soprattutto la loro visibilità crollano giorno dopo giorno. In sintesi: sono di più (anche perché costa sempre meno "pubblicare un libro"), ma sempre meno influenti.

C'è chi dice che si tratta di un suicidio collettivo, del tipo di quelli compiuti in alcune sette mistiche quando il guru ha ordinato a tutti i seguaci di uccidersi. Secondo quest'analisi, nel nostro caso non ci sarebbe alcun guru. Semplicemente, la gran parte dei piccoli editori avrebbe rinunciato, in un modo o in un altro, a crescere, a sfidare i competitor più forti, a navigare nel mare aperto della concorrenza, per crogiolarsi nella propria narcisistica insignificanza.

A mio avviso si tratta di un parere ingeneroso, almeno nella maggioranza dei casi. Alcuni hanno scelto la piccola dimensione perché più consona alle loro finalità esistenziali e anche economiche. Altri hanno provato a crescere ma senza successo, per vari motivi che vedremo più avanti. Ad altri ancora sono mancate la capacità e la fortuna, ma non per questo avrebbero voluto suicidarsi.

Propendo dunque per la teoria dell'omicidio. Gli "editori-soggetto" vengono uccisi, giorno dopo giorno, sotto i nostri occhi.

Ricordo una delle prime associazioni di piccoli editori nata negli anni Ottanta. A dire il vero, già prima c'era stata una grande morìa di editori indipendenti nati negli anni Sessanta e Settanta: Samonà e Savelli, Mazzotta, Bertani, ecc. Ma quelli erano editori molto politici, fioriti in un'epoca di diffuso entusiasmo ideologico. Si estinsero così assieme alle condizioni ambientali che avevano favorito la loro crescita. L'associazione di cui parlo io, invece, fu successiva ed E/O ne fece parte assieme a un'altra dozzina di piccole case editrici.

Di queste solo poche sono sopravvissute. Alcune alla grande, come Iperborea, Marcos y Marcos, Voland, Passigli, e dopo Minimum

Fax, Sur. Tra quelle scomparse – tutte con validi programmi editoriali e operatori appassionati e competenti – c'era Theoria, venduta non so quante volte prima di sparire quasi definitivamente (i marchi sono in realtà duri a scomparire, ma spesso restano solo come gusci vuoti); Costa & Nolan e Ubulibri, ambedue con bei cataloghi sullo spettacolo; Scheiwiller, morta assieme al suo mitico editore; La Tartaruga di Laura Lepetit, poi confluita in un gruppo editoriale.

I FATTI

Ottobre 1979. Roma, quartiere Montesacro. Siamo in quattro a caricare i libri – avvolti in pacchetti di carta da dieci copie – nel piccolo ascensore, schivando le grida rabbiose della portiera («Guasterete l'ascensore!»): io, Sandra, Nennella e Pietro. Sono duemila copie, quelle che restano dopo aver spedito dalla tipografia al distributore il grosso della tiratura dei primi due volumi che pubblichiamo: Esplosione di un impero? *e* Cenere e diamanti. *Il primo è un saggio profetico sulla fine dell'Unione sovietica, di Hélène Carrère d'Encausse (mamma di un figlio che molti anni dopo diventerà più famoso di lei, Emmanuel Carrère). Il secondo è un vivace studio dei film del regista polacco Andrzej Wajda, scritto da Giandomenico Curi, un amico critico cinematografico del* Manifesto. *Il pavimento dell'appartamento al terzo piano reggerà tanto peso? Distribuiamo i libri su quasi tutta la superficie libera, lasciando solo i passaggi per arrivare alle due scrivanie, alla cucina, al bagno e al nostro letto matrimoniale. Un'editrice francese, arrivata a Montesacro quasi per caso, la battezzerà la "stanza editrice". La mattina alle dieci arriva Alfredo, apre con le sue chiavi e inizia a lavorare mentre io e Sandra restiamo a letto e parliamo con lui a distanza. Ma quella mattina ci siamo alzati prima del solito per spedire i volumi freschi di stampa al distributore. Dai freddi locali della tipografia, aiutati dalla mamma di Sandra che si riscalda nella sua pelliccia, abbiamo riempito cartoni e inviato migliaia di copie di libri alle librerie.*

I nostri primi libri!

I colpevoli

Chi dunque ha ucciso queste (e tante altre) case editrici idealiste e artigiane?

Cominciamo da due vecchie conoscenze del capitalismo criminale: la finanza e l'immobiliare.

La finanza in questo caso sono le banche, ma non solo. Per quanto riguarda i grandi gruppi editoriali internazionali, la Borsa ha avuto la sua parte nell'omicidio. Alcuni di voi ricorderanno il libro di André Schiffrin, dove questo editore un tempo indipendente raccontava come, per pagare il 10% di utili agli azionisti dei grandi gruppi, si erano spremute le case editrici americane (non solo quelle), tagliando i libri, le collane, gli editor "improduttivi", puntando tutto sui bestseller, azzoppando il pluralismo delle voci, dando pieni poteri a manager spesso digiuni di editoria ma molto ferrati in marketing e conti finanziari.

Da noi furono più le banche a far vedere i sorci verdi agli editori idealisti (nulla è cambiato oggi in questo senso, e non solo per il settore editoriale ma per tutte le piccole aziende; l'abbiamo visto pure con la spilorceria e l'incompetenza di tante banche ai tempi del Covid-19, nonostante le amplissime garanzie offerte dallo Stato). Gli istituti di credito prestavano denaro anche ad alcuni piccoli editori, ma in cambio di feroci ipoteche sulla casa di proprietà. Quanto tempo perso per ottenere udienza dai direttori di banca, a sperare in un loro gesto di clemenza! Forse ho letto più manoscritti nelle sale d'attesa degli istituti bancari che in qualsiasi altro luogo. Ricordo che con un collega di un'altra casa editrice facevamo a gara a chi avesse più conti aperti, più linee di credito e mutui e *factoring*. Vinceva lui, che ne aveva aperti oltre dieci!

Infine arrivava il momento in cui la banca, necessariamente, chiedeva indietro il denaro prestato e questo quasi sempre non c'era più, era stato speso. Solo che, contrariamente alla magica formula marxiana D-M-D (ovvero il Denaro investito diviene Merce e questa, una volta venduta, ridiventa Denaro, ma in quantità maggiore di prima), non era tornato indietro accresciuto, anzi spesso non era tornato indietro affatto. Così si perdevano le case (chi le aveva), i quadri, l'automobile.

Ma questo, di nuovo, è il capitalismo e nessuno può negare che abbia in sé dei tratti educativi. I pochi che restavano in piedi erano abbastanza "rieducati" da capire che bisognava stare molto accorti se si voleva rimanere in vita. In quel periodo, oltretutto, venne a mancare quel sistema politico ed economico – il comunismo – che aveva lasciato credere (sperare?) ad alcuni che l'economia potesse reggere e prosperare senza tener conto dell'efficienza, senza dover necessariamente premiare con i profitti i più abili (i più spietati?) e senza dover escludere i meno abili (i più buoni? I più idealisti?). Sicché tutti iniziammo a pensare fosse giusto così: se non si sapevano trasformare i libri in danaro, meglio non imbarcarsi nell'impresa. Potevamo avere le idee più belle e originali del mondo su quali libri avrebbero dovuto leggere i lettori, ma se questi si rifiutavano di comprare quei libri, allora l'unico esito era di chiudere baracca e burattini.

Peggio delle banche, però – il cui compito in fondo era (ed è) da secoli quello di trasformare denaro in più denaro –, era (ed è) la rendita immobiliare, perché più viscida, più nascosta. È vero che spesso gli immobili sono risparmio accumulato negli anni e "produttori" di una rendita che ricompensa i risparmiatori. Ma quanti sono i piccoli risparmiatori proprietari di un negozio che magari permette loro di vivere? Quanto più vasto, invece, è il patrimonio di quelle società immobiliari che guadagnano spesso cifre enormi senza grande fatica né inventiva? E quanti sono i librai che, per avere un negozio con una discreta visibilità, con una clientela di "passaggio" come si dice, devono cedere parti cospicue (a volte decisive) dei propri redditi alla rendita immobiliare? Quanti editori hanno dovuto chiudere i battenti perché non sono riusciti a pagare gli sconti più alti richiesti dalle librerie (proprio perché loro stesse dovevano pagare affitti alti), o addirittura ad acquistare spazi espositivi per i loro libri (pratica sempre più in voga) sui tavoli e nelle vetrine dei punti vendita? Quanta parte del reddito prodotto dall'intera filiera editoriale (dagli autori, alle case editrici, fino alle librerie) finisce così nelle mani della rendita immobiliare?

L'illusione coltivata da alcuni che Amazon, facendo a meno del negozio fisico e delle relative spese d'affitto e arrivando direttamente a casa dei consumatori, avrebbe eliminato il peso della rendita immobiliare e ridotto così i prezzi, oppure investito il denaro risparmiato in una maggiore qualità del prodotto editoriale, si è rivelata del tutto infondata. Il colosso di Seattle da una parte deve pagare enormi spese di magazzinaggio e trasporto (nonostante le notoriamente pessime condizioni di lavoro dei suoi dipendenti e dei suoi corrieri) per stivare milioni di libri e farli arrivare ai clienti in tempi sempre più rapidi; dall'altra, dopo avere per molti anni praticato prezzi scontati (spesso a livelli di *dumping*), una volta sbaragliata la concorrenza si è poi allineato ai prezzi correnti del mercato e vende i libri a prezzi uguali a quelli praticati dalle librerie (se non maggiori, attraverso il Marketplace, ossia quei rivenditori terzi che utilizzano la sua piattaforma per avere visibilità ma vendono i loro prodotti a prezzi spesso maggiori di quelli delle librerie). Da ultimo, Amazon si è ben guardata dall'investire i suoi utili miliardari (tra l'altro trattati con i guanti di velluto da quasi tutti i sistemi fiscali del mondo) nella ricerca editoriale e nello sviluppo delle case editrici. Ha provato a diverse riprese a farsi editore in prima persona, in modo da non dover prendere i libri da quei rompiscatole degli editori, ma ha sempre fallito. Il suo programma più ambizioso – Amazon Publishing – costituisce un gruppo con sedici diversi marchi che hanno pubblicato centinaia di libri. Tra questi c'è Amazon Crossing, specializzato in narrativa tradotta in inglese da molte lingue. Ebbene, nonostante la sua potenza di fuoco, finora questa "casa editrice" non è riuscita a trovare autori di valore. Perché? Beh, semplicemente perché non sono veri editori (come non sono veri librai, ma solo venditori), e dunque non sono capaci di scoprire e far crescere degli scrittori, di intrattenere rapporti durevoli con loro, di presentarsi al pubblico con una personalità definita. Amazon Publishing è un'impresa commerciale dotata di uno straordinario strumento di promozione e vendita dei propri prodotti, ma non è un editore. Malgrado l'impressionante galleria di editor presentati sul loro sito con robusti curriculum, non siamo a conoscenza di un solo libro memorabile che abbiano pubblicato in oltre dieci anni di vita.

Fin qui abbiamo fatto conoscenza con un bel gruppetto di complici dell'omicidio collettivo perpetrato ai danni dell'editore-soggetto. Già incontrare questi tre figuri – il banchiere, l'immobiliarista e Amazon – in una strada buia di periferia farebbe scappare chiunque fosse intenzionato a dar vita a una casa editrice con ambizioni non solamente commerciali. Ma ci sono nemici ancora più insidiosi, che si presentano spesso come amici e sferrano invece le coltellate più micidiali, quelle da vicino o alle spalle. Chi sono questi mostri?, vi chiederete. Non starai mica esagerando? Paranoia? Delirio di persecuzione?

Aprite bene le orecchie e ascoltate quello che vi racconto. Ma prima vi dico…

I FATTI

Un'estate qualsiasi degli anni Novanta. Sono chiuso in una grande stanza al primo piano della villa di famiglia in Umbria. Seduto alla scrivania, faccio calcoli e ascolto distrattamente le voci di mia figlia, di mia moglie, di mia madre, dei familiari e degli amici che chiacchierano in giardino. Ogni anno ad agosto mi porto appresso scatoloni di fatture e documenti, faccio conti, bilanci e previsioni, tiro somme, e ho paura. Ogni anno mi accorgo che non ce la faremo. A meno di un miracolo, di un bestseller a sorpresa, dell'ennesimo mutuo con l'ennesima ipoteca, non ce la faremo. Chiuderemo in perdita. Il debito, già impressionante, salirà. Anche le finanze familiari sono in crisi, il patrimonio di famiglia, a cui ho attinto anch'io per la mia impresa, è quasi interamente svanito. Non è stata colpa mia, io ne ho usato solo una piccola parte. Ma la famiglia ha subìto un tracollo economico. Dovremo affittare la villa ai turisti. Mia madre ha dovuto traslocare in un appartamento più piccolo, in affitto. Non è semplice essere stati ricchi e ritrovarsi, se non in miseria, senz'altro in difficoltà. Per quanto mi riguarda, dovrò trasformare una casa editrice impegnata a pubblicare libri belli anche se in perdita in un'azienda che fa profitti e ripaga i debiti. Ho paura. Perché non so se ne sarò capace. Ora dopo ora chino la testa sui fogli pieni di numeri, ma il risultato non cambia, resta un grosso meno. Sposto titoli, abbasso costi, cerco occasioni di vendita, ma niente, non succede nulla: il segno resta negativo. Quando la sera, disfatto, comunico a Sandra i risultati del mio contare e ricontare, lei si spaventa ancora più di me. È durante quelle estati che ho imparato, da autodidatta, a fare i conti, a mettere sempre un calcolo a fianco di un libro o di un'idea, a temere la perdita e l'indebitamento, ad apprezzare la cruda verità dei numeri. Ho imparato, in quelle sconfortanti estati alla scrivania, a risalire dal fondo di un pozzo, stringendo i denti, senza rinnegare nulla, guardando negli occhi l'impietosa realtà e sperando nella fortuna.

Maledetto marketing

In una recente riunione della rete commerciale di un editore in un paese straniero, il manager a capo dei rappresentanti con il massimo candore ha detto all'editore che presentava un suo libro: cosa potete fare per spingere i lettori a entrare in libreria e chiedere questo vostro libro? Non ha voluto sapere di cosa parlava il libro, chi era l'autore, perché era una lettura attraente. Non gli interessavano queste cose. Voleva solo essere informato su come l'editore avrebbe spinto un congruo numero di acquirenti a chiedere quel libro ai librai. Questo è il marketing e, in ultima analisi, si basa su un assioma: il prodotto interessa relativamente; molto più importanti sono gli strumenti attraverso i quali i consumatori verranno convinti ad acquistarlo.

*

Quando nel 1984 pubblicammo *Cassandra* di Christa Wolf dicemmo ai nostri venditori (rappresentanti, promotori) che era un libro bellissimo. La storia della principessa troiana che prevede la disgrazia che travolgerà la sua patria e, con essa, tutto il mondo. L'autrice era una scrittrice della Germania orientale e ovviamente nel suo romanzo risuonava l'eco delle tensioni internazionali della Guerra fredda. La traduttrice – Anita Raja – fece un lavoro straordinario nel portare questa voce così "esotica" agli occhi e alle orecchie dei lettori italiani. Su mille corde che avrebbe potuto toccare, trovò quella giusta che, senza tradire, faceva aderire pienamente, con ogni senso, i lettori al testo. Raccontammo al grafico – l'amico Sergio Vezzali – la storia del libro e l'esperienza del nostro intenso incontro con Christa e suo marito Gerhard. Lui inventò una copertina folgorante, un'immagine che, a quasi quarant'anni di distanza, resta ancora scolpita nella mia mente.

Di marketing non si parlò, non sapevamo neppure cosa fosse. *Cassandra* divenne un bestseller, il nostro primo, quello che ci consentì di proseguire il lavoro.

Come mai *Cassandra* ebbe questo successo? All'epoca i paesi socialisti erano ignorati o disprezzati. Da noi, in Occidente, imperversava l'edonismo reaganiano e l'Europa dell'Est appariva come un luogo ridicolo, un relitto della Storia. Il nostro amico Jerzy Pomianowski, professore polacco in esilio in Italia, faceva la comparsa in un programma TV di Renzo Arbore e Roberto D'Agostino, nella parte del noiosissimo accademico est-europeo, calvo e con pancetta, completo e cravatta, fedele rappresentante dell'immagine che il pubblico italiano aveva di quel sistema. La gente rideva guardando il professor Pomianowski e, nonostante l'ironia con cui lui sosteneva il ruolo, lo spettacolo confermava la scarsa considerazione di cui il socialismo reale godeva da noi. Perché dunque *Cassandra*, scritto dalla principale autrice della DDR e pubblicato in Italia da un piccolo editore, divenne un tale successo? Vorrei chiederlo a un esperto di marketing... Per quanto mi riguarda, la risposta sta, almeno in parte, in quel concetto evocato all'inizio dell'editore-soggetto, su cui tornerò più avanti.

Nel 1986 pubblicammo *Ho servito il re d'Inghilterra*, dell'autore ceco Bohumil Hrabal. Quando inviammo la traduzione italiana al poeta Giovanni Giudici, lui mi telefonò: vi autorizzo a dire che il libro mi ha fatto uscire di senno. È bellissimo.

Non utilizzammo in alcun modo questa notizia. Da Hrabal avevamo imparato uno stile diverso: lui, scontroso, andava in birreria e consegnava al suo editore, un enorme uomo barbuto vestito con una tuta da meccanico, i foglietti con le cose che aveva scritto la settimana precedente. Cose che la censura comunista non avrebbe tollerato. La settimana successiva il gigante con la barba tornava in birreria e consegnava a Hrabal e ai suoi amici una decina di copie ciclostilate dei testi ricevuti sette giorni prima. E prendeva in consegna le nuove pagine scritte nel frattempo. Si chiamava *samizdat*, che in russo vuol dire "edito in proprio", ed era il sistema con cui in quelle condizioni venivano pubblicati capolavori letterari o incendiari pamphlet politici. Imparammo così che si può pubblicare pure in quel modo e spesso con non minore efficacia. Anche in Italia *Ho servito il re d'Inghilterra* uscì ed ebbe un grande successo. Senza marketing.

Direte che erano altri tempi. Ed è vero, le voci di alcuni intellettuali e critici erano ascoltate. Non da tutti, certo, ma da una bella fetta di lettori capaci di trasmettere poi certi messaggi ricevuti. Soprattutto le minoranze erano in grado non solo di accogliere un'idea, un pensiero, un'emozione, ma anche di metterla in discussione, elaborarla, difenderla. Non come oggi, quando suggestioni, provocazioni, spunti, vengono riversati a tonnellate nell'arena e rapidamente masticati, espulsi o fatti superficialmente propri da gruppetti, per essere poi utilizzati come strumenti di disinformazione e diffusione della paura. Per restare alla letteratura, allora si discuteva su un libro più seriamente di oggi.

Ma non voglio certamente fare l'elogio dei bei tempi andati. Ogni epoca ha i suoi vantaggi e i suoi difetti, e a quei tempi c'erano tantissime cose che non andavano. Il marketing però non c'era, o almeno non nell'editoria, e non nella misura preponderante che ha oggi. Non c'era dunque questa idea che gli strumenti per vendere ai consumatori sono più importanti del prodotto che si vende. E, ancora peggio, l'idea che il prodotto deve essere modificato, addirittura fin dal momento della sua concezione, per potersi adeguare nel migliore dei modi possibili alle tecniche per venderlo. Perché se non si riesce a venderlo significa che ha qualcosa che non va.

Lo scopo del marketing è di vendere un prodotto, qualsiasi prodotto, buono o cattivo che sia. È quindi una tecnica (eviterei di chiamarla scienza) amorale. Certo, se una merce fa proprio schifo, prima o poi molti consumatori se ne accorgeranno e l'imprenditore smetterà di produrla (non succede sempre, ma abbastanza spesso). Però questo non è il problema dei cosiddetti uomini del marketing, che devono solo trovare gli strumenti migliori per far convergere i consumatori sui loro prodotti. Questi strumenti esistono da lungo tempo, e negli anni si sono affinati. Si tratta di individuare quelli più adatti a una data merce e a un dato mercato, investire più soldi possibile e aspettare che il cliente abbocchi.

Ci vuole tanto denaro per fare un marketing efficace e questo spiega molte cose sulla natura della nostra società: la concentrazione delle imprese, la standardizzazione dei prodotti, il conformismo diffuso, le mode, l'omogeneità dei consumi e anche quella dei modi di pensare, delle opinioni della gente. Per vendere tanto bisogna investire una montagna di soldi e chi lo fa dev'essere sicuro di portare a casa utili.

Quando questa concezione del mondo (chiamiamola così, in effetti lo è) è entrata nell'universo editoriale ha provocato un terremoto. Ha cambiato non solo il modo di vendere i libri ma persino quello di scriverli. Ha cambiato la letteratura.

*

Guardiamo per un momento alla storia di un grande editore italiano (qui non intendo "grande" per dimensioni di fatturato, ma per coraggio, iniziativa, gusto, personalità, ovvero le caratteristiche che dovrebbe avere l'editore-soggetto). Parlo di Giangiacomo Feltrinelli e delle persone che lavoravano con lui.

Dalla fine degli anni Cinquanta alla fine dei Sessanta, in un'epoca quindi di grande creatività culturale e politica, questo editore pubblicò tre capolavori che hanno cambiato la storia della letteratura e della lettura: *Il Gattopardo*, *Il dottor Živago* e *Cent'anni di solitudine*. Gli autori di questi tre romanzi, Giuseppe Tomasi di Lampedusa, Boris Pasternak e Gabriel García Márquez, sono stati sicuramente dei geni. Migliaia di pagine ci hanno fatto capire come siano stati capaci di creare delle opere così potenti. Senza di loro saremmo, come lettori ma più in generale come esseri umani, più poveri spiritualmente, più soli, più ciechi. A loro va quindi l'enorme merito di aver fatto avanzare di un passo l'umanità nella comprensione di se stessa, nell'esplorazione della bellezza. Ma, almeno per quanto riguarda l'Italia, chi ha scoperto e fatto conoscere a tanti questi tre libri è stato un editore-soggetto, un uomo che è andato a scovare questi testi in mezzo a milioni di altre pagine scritte, ed è riuscito a farli leggere a milioni di persone. Io credo che in questo modo abbia cambiato la lettura nel nostro paese, l'abbia fatta crescere, in quantità e qualità, abbia formato o rafforzato centinaia di migliaia di lettori. Possiamo dire che questi libri hanno cambiato le nostre vite? Sì, almeno in parte sì, perché hanno modificato la nostra sensibilità, la nostra consapevolezza, il nostro gusto. Quindi questo editore, che una volta si definì semplicemente come uno che "tira la carretta", ha contribuito a farci crescere culturalmente e spiritualmente.

Vediamo adesso, pur se sommariamente, come sono stati "scoperti" e pubblicati questi tre capolavori. Le vie sono state diverse, nei tre casi, ma sempre c'è stata la volontà dell'editore (e dei suoi collaboratori) di lottare, d'insistere perché fossero pubblicati, di credere che fossero libri belli e andassero diffusi a ogni costo, di desiderare fortemente che venissero letti. Non per fare soldi (almeno non solo per quello), ma perché questa è la missione dell'editore-soggetto: scegliere libri, operare affinché vengano letti, "imporre" le proprie scelte ai lettori.

Tutto questo non ha nulla a che vedere con il marketing. Gli uomini del marketing (che in realtà all'epoca non c'erano neppure o avevano poca voce in capitolo) avrebbero chiesto a Feltrinelli: cosa puoi fare per far venire in libreria i lettori a chiedere questi libri? E Giangiacomo avrebbe risposto (anzi probabilmente *ha* risposto): l'unica cosa che ho fatto è stata quella di sceglierli, perché sono bellissimi, e di pubblicarli nel miglior modo possibile. I lettori sono arrivati ugualmente a centinaia di migliaia nelle librerie e li hanno acquistati e letti.

Non credo ci sia stata alcuna campagna promozionale di particolare rilevanza. Ci fu, sì, un battage sui giornali, perché all'epoca c'erano giornalisti e critici capaci di riconoscere dei capolavori e perché i tre romanzi, in modi diversi, avevano delle "storie" intriganti e avvincenti. Ma marketing non ce ne fu. (Lo stesso concetto di marketing non esisteva, dato che le prime teorizzazioni in merito risalgono proprio agli anni Sessanta.)

Vale la pena ricordare, a titolo di esempio, la storia della pubblicazione del *Gattopardo*.

Tomasi di Lampedusa era un nobile siciliano che scrisse *Il Gattopardo* negli ultimi anni della sua vita. Non frequentava gli ambienti letterari, non aveva un agente letterario (in Italia a quei tempi ne esisteva solo uno) e aveva solo qualche amicizia in grado di far arrivare il manoscritto sulle scrivanie del conte Federico Federici (favori tra aristocratici!) della Mondadori, e poi di Elio Vittorini che, oltre a essere consulente della grande casa editrice milanese, curava anche la collana "I gettoni" per Einaudi (che all'epoca ovviamente non era ancora stata acquistata da Berlusconi). Il libro non piacque e il manoscritto venne restituito al povero principe, il quale morì poco tempo dopo senza vederlo pubblicato.

A quel punto ci provò un altro gruppetto di amici altolocati del defunto e di sua moglie, una baronessa russo-tedesca psicoanalista. Questa volta il manoscritto finì nelle mani giuste, quelle dello scrittore Giorgio Bassani, che dirigeva una collana di letteratura da Feltrinelli. Bassani capì subito di avere tra le mani un capolavoro e riuscì a pubblicarlo in poco tempo. Il libro vinse il Premio Strega e diventò il primo bestseller della storia italiana a superare le centomila copie vendute.

Quale fu dunque il ruolo di Bassani (e, dietro di lui, di Feltrinelli) nella pubblicazione di questo romanzo? Direi che fu fondamentale. Forse il libro non sarebbe neppure stato pubblicato se Bassani non l'avesse letto, amato e consigliato. *Il Gattopardo*, come abbiamo visto, era già stato respinto da due delle maggiori case editrici dell'epoca e, se anche Feltrinelli avesse detto di no, probabilmente gli amici di Tomasi di Lampedusa avrebbero a quel punto esaurito il novero di editori a cui presentare il testo o si sarebbero scoraggiati dopo vari rifiuti. È vero che molti autori sono, per fortuna in questo senso, cocciuti e insistono fino a trovare un editore che li pubblichi. Ma non sempre. Inoltre bisogna ringraziare Dio (almeno quando il libro è di valore) che esistano numerose case editrici e che quindi è *probabile* che un buon testo finisca per essere pubblicato. Ma da chi e con quale convinzione e potenza di fuoco? Quanti autori si perdono per strada dopo aver pubblicato un primo libro senza successo? Quanti rinunciano a scrivere e a cercare di essere pubblicati? Quanti tra costoro potrebbero diventare autori validi e originali, crescendo nella scrittura e trovando infine, dopo molti tentativi, la chiave giusta per scrivere il loro libro migliore?

Bassani capì che *Il Gattopardo* era un grande romanzo e si batté con determinazione per pubblicarlo. Non sappiamo se si domandò come la sua casa editrice avrebbe operato nei mesi successivi per portare lettori in libreria a chiedere quel titolo. Io credo che non se lo chiese. È probabile che si accontentò di essere certo della qualità del libro e del fatto che il suo editore lo avrebbe pubblicato con convinzione e lo avrebbe sostenuto (ad esempio presentandolo allo Strega). I lettori sarebbero venuti "da soli", non per la pubblicità, per gli sconti, per le vetrine, per i premi ai rappresentanti e ai librai. È ovvio che tutto ciò può servire a vendere, ma non è la ragione *principale* del successo di un prodotto. Contrariamente a ciò che affermano gli uomini di marketing.

I FATTI

Giugno 2006. San Francisco. Con Alice Sebold e suo marito sfrecciamo, io e Sandra, nella loro decappottabile rossa sul Golden Gate Bridge, scapigliati dal vento forte e bagnati dalla nebbiolina. Una visita alla loro casetta nei boschi della Marin County. Anni prima Alice ha pubblicato The Lovely Bones (Amabili resti)*, riscuotendo un successo incredibile. Noi lo abbiamo pubblicato in Italia acquistandolo sulla base delle prime cento pagine che aveva scritto. Se avessimo tardato sarebbe diventato impossibile, lo avrebbe preso un grande editore pagando una cifra enorme. Non è solo perché ci ha dato questo bestseller che vogliamo bene ad Alice. Lei è una donna speciale, intelligentissima e umana, troppo umana. La sera torniamo in città per un aperitivo al bar del Fair-*

mont Hotel, un albergo di lusso in cui hanno soggiornato i capi di stato di mezzo mondo. Il bar, vastissimo e immerso in una accattivante penombra attraversata da strisce di luce rossa o blu, ha un nome suggestivo: Tonga Room & Hurricane Bar. Offre cucina polinesiana e degli ottimi cocktail con il nome dell'isola tropicale. Siamo ispirati e per Europa Editions inventiamo su due piedi (anzi da seduti perché, dopo tutto quello che ci siamo bevuti, in piedi barcolliamo) una collana di letteratura edgy, *"affilata", pungente, che battezziamo Tonga. Alice sceglierà i libri.*

Signore e signori,
ecco a voi... gli agenti letterari

Lasciamo un momento in pace questi "poveretti" del marketing (ci torneremo) e rivolgiamo la nostra attenzione a un altro gruppo di assassini dell'editore-soggetto: gli agenti letterari.

Anche loro, come gli uomini del marketing, dovevano essere alleati degli editori, ma le cose non sono andate bene neppure in questo caso.

Gli agenti svolgono una professione utile: rappresentano gli interessi degli autori di fronte agli editori. Tra queste ultime due categorie esiste un rapporto complesso. Ne hanno scritto in tanti e anch'io avevo dedicato loro qualche pagina nei *Ferri dell'editore*. È una relazione cruciale ai fini della creazione letteraria e della lettura, un rapporto che può essere molto stretto e caratterizzato da numerose implicazioni psicologiche ed economiche. L'uno ha bisogno dell'altro e nessuno dei due potrebbe svolgere il proprio lavoro senza quello dell'altro.

Analizzando la relazione dal punto di vista dell'editore, la cosa è evidente. Ma anche dal punto di vista dell'autore sembra altamente improbabile che esisterebbero una letteratura, un sistema letterario, un'estesa e articolata attività di lettura nella popolazione senza l'apporto delle case editrici. Lo dimostrano paradossalmente proprio i risultati dell'esplosione del self-publishing (auto-pubblicazione senza editori) negli ultimi anni. Il fenomeno, spinto al massimo da Amazon ma già in crescita negli anni precedenti, avrebbe dovuto segnare, secondo alcuni osservatori, l'affrancamento degli scrittori dallo sfruttamento dispotico delle case editrici. Finalmente chiunque avrebbe potuto pubblicare il suo libro, farselo comodamente stampare da una tipografia digitale o confezionarlo in versione elettronica, promuoverlo direttamente (soprattutto via Amazon), venderlo e incassare i ricavi senza pagare nulla all'editore, ma soprattutto senza dover sottostare al suo tirannico e imperscrutabile giudizio.

Negli ultimi anni si sono in effetti pubblicati migliaia e migliaia di libri auto-prodotti. Ci sono stati pure alcuni successi clamorosi, con milioni di copie vendute. Ma quasi nessuno di questi libri verrà conservato e ricordato dai lettori, se non dalla cerchia degli amici dell'autore. Quasi nessuno scrittore è riuscito a emergere dalla massa indistinta del self-publishing per accedere ai normali circuiti della lettura, a quel "mondo" letterario dove i libri vengono comprati in libreria, letti, discussi, recensiti, premiati, acquisiti dalle biblioteche. Sostanzialmente il sistema è fallito e, se pure continueranno a esserci tantissimi libri auto-pubblicati (nel 2018, in America, oltre 1,5 milioni di titoli), il self-publishing resterà un mondo marginale, se non in termini quantitativi, senz'altro come capacità d'influenzare le tendenze letterarie e di lettura. Resterà come una serie C, dalla quale sarà quasi impossibile accedere alla serie A (e persino alla B, quella dei libri che hanno un editore ma una visibilità e una circolazione molto ridotte).

L'autore ha dunque bisogno di un editore che lo scelga, lo pubblichi, lo promuova, lo distribuisca, lo sostenga. L'agente letterario può aiutare lo scrittore in questo complesso rapporto con la casa editrice. Può segnalare, presentare, raccomandare i libri dei suoi rappresentati all'editore, può ragionare su quale sia l'editore più adatto per quel particolare autore, può negoziare le condizioni della cessione dei diritti primari e secondari (è sempre spinoso parlare di soldi tra autori ed editori), può stipulare i contratti, può "sorvegliare" che il libro venga pubblicato con la necessaria cura e con l'adeguato sostegno promozionale. Tutte attività utili che sono d'aiuto all'autore ma anche all'editore.

Che cosa allora non ha funzionato, al punto da spingermi a includere la categoria degli agenti nella banda degli assassini degli editori-soggetto?

In Italia fino agli anni Settanta c'era un solo agente (forse due o tre, ma meno importanti). Oggigiorno ne esistono centinaia, ne spuntano fuori continuamente di nuovi, tanto che viene da chiedersi *quali* siano gli autori che rappresentano e come possano sopravvivere in un mercato povero come il nostro. L'agente dei tempi andati si chiamava Erich Linder, era austriaco ed era bravo. Sceglieva con cura le case editrici a cui inviare i libri dei suoi rappresentati, aveva un gusto, e di conseguenza un disegno editoriale, certi, definiti, stabili. Le due caratteristiche che oggi purtroppo mancano a tanti agenti, i quali non conoscono bene i cataloghi e i progetti delle case editrici e mandano i libri "a casaccio", o meglio inondano gli editori di tanti libri inutili, riservando a poche case editrici ricche i "pezzi" prelibati. Ce ne sono alcuni che arrivano addirittura a corteggiare autori pubblicati da piccole case editrici per portarli ai grandi editori. Ovviamente lo fanno per denaro e giustificano questi comportamenti dicendo che il modo migliore per rappresentare uno scrittore è fargli avere più denaro possibile. La tecnica è abbastanza rudimentale. Spediscono il manoscritto a un certo numero di case editrici, accuratamente selezionate tra quelle che sono in grado di pagare anticipi abbastanza consistenti (ovviamente più il libro è “ghiotto”, per fama dell’autore o per altre ragioni, più si restringe la rosa degli editori contattati), e aspettano che qualcuno legga il manoscritto e si faccia vivo. A quel punto gli agenti si scatenano. Se all’editore il libro è piaciuto e ha offerto, ad esempio, 500 o 5.000 o 50.000 euro, loro informano immediatamente gli altri editori ai quali lo avevano mandato e fissano una prima scadenza per migliorare l’offerta ricevuta (il cui importo viene taciuto). Gli editori spesso sono come le pecore: appena sentono che un loro collega-competitor si è interessato a un libro, corrono anche loro a leggerlo. A quel punto l’asta prende il via, ed è tutto un succedersi di offerte, nuove scadenze, richieste di miglioramenti contrattuali (royalties, diritti secondari, ecc.) e piani di marketing per lanciare bene il libro. Il prezzo sale e l’editore che ha pagato di più porta a casa il libro.

Normale? Sacrosanto? Io non direi. L'autore potrà pure essere contento di aver ricevuto un bell'anticipo (che dimostra agli occhi suoi e dei colleghi invidiosi che il suo lavoro è stato ben valutato) e vantaggiose condizioni contrattuali, ma non è affatto detto che in questo modo abbia trovato l'editore più adatto per il suo libro e per sé. Perché questo sistema non si basa sulla conoscenza delle caratteristiche delle case editrici, sul loro stile di lavoro, su come vengono percepite dal pubblico e quindi su quale tipo di lettori hanno. Nossignore, si basa solo su chi paga di più. Peccato che chi paga di più non sia necessariamente l'editore migliore per quell'autore. Può darsi infatti che il vincitore dell'asta abbia fatto un'offerta economica più alta per ragioni che non coincidono con l'interesse dell'autore. Può darsi ad esempio che questo editore si sia fatto abbagliare dall'interesse suscitato dal libro presso i suoi colleghi e che – dopo una più attenta valutazione dell'opera, senza la fretta e la concitazione dell'asta – si renderà conto che, per tanti motivi, non è in grado di pubblicare bene quel libro. Come invece può darsi che un piccolo editore, sebbene più povero, grazie al proprio entusiasmo per quell'opera sia capace di ottenere risultati decisamente migliori. E così via. Insomma, è proprio questo sistema – adottato dalla maggior parte delle agenzie letterarie perché è il più facile, richiede meno lavoro e consente di portare a casa *nell'immediato* i risultati economici più evidenti – a non funzionare e a contribuire a formare un mercato superficiale e distorto.

Non sarebbe molto meglio per tutti (e per tutti intendo non solo gli editori, ma anche gli autori e i lettori) se un agente letterario leggesse il manoscritto del suo rappresentato, riflettesse sulla sua migliore collocazione (non solo immediatamente economica, ma *nel tempo*, considerando le eventuali possibilità di crescita, il prestigio, la cura, il rapporto personale), parlasse con l'editore (o gli editori) individuato, discutesse con lui e con l'autore dei modi e delle prospettive della pubblicazione, e solo alla fine prendesse una decisione ponderata (anche alzando il prezzo, se lo ritiene giustificato)?

Ma non è così che funzionano le cose, con il risultato che la stragrande maggioranza degli editori viene esclusa a priori dall'opportunità di pubblicare un certo autore, mentre al tempo stesso si rafforzano sempre di più i cataloghi di pochissimi editori, in una spirale di concentrazione che nuoce a tutti.

I paesi anglosassoni sono caratterizzati da decenni dalla presenza diffusa delle agenzie letterarie. Sono rarissimi lì gli autori che non hanno un agente. Sono anche i mercati (in primis Stati Uniti e Gran Bretagna) in cui la concentrazione editoriale è maggiore. Questa situazione ha determinato un vero e proprio blocco dello sviluppo delle case editrici indipendenti, perché a nessuna di loro è concessa la possibilità di acquisire un libro con alte potenzialità commerciali. In quei paesi, ancora più che da noi, l'agente letterario, quando ha tra le mani un libro che reputa promettente, convoca letteralmente i tre o quattro grandi gruppi editoriali e li costringe a un'asta per tirar fuori l'anticipo più alto possibile. Dico "costringe" perché ho sentito una volta raccontare, da una editor di uno di questi grandi gruppi, del suo timore a partecipare ad alcune di queste aste. Lei non solo non avrebbe potuto non prendervi parte, pena la certificazione della sua irrilevanza; ma avrebbe dovuto, probabilmente, presentare pure un'offerta. Al tempo stesso, paradosso dei paradossi, non avendo apprezzato il libro in questione avrebbe preferito perdere l'asta. Parliamo di anticipi "a sei o a sette cifre", come amano sottolineare i giornali specializzati, quasi sempre fuori dalla portata di un editore piccolo o anche medio.

Quello appena descritto è un sistema rigidamente strutturato, quasi un sistema di caste, basato quasi esclusivamente sugli importi degli anticipi offerti, ossia sul denaro. È ovvio che, dopo aver sborsato somme simili, l'editore che ha comprato il libro dovrà venderne decine se non centinaia di migliaia di copie, e dovrà quindi necessariamente investire enormi risorse finanziarie nel marketing. È il cosiddetto sistema dei bestseller, che privilegia pochissimi libri e pochissimi autori, per lanciarli in cima alla piramide, mentre alla base restano migliaia di scrittrici e scrittori destinati in partenza a vendite molto più basse. Un sistema del genere, infatti, fondato com'è sulla potenza di fuoco del denaro, punta per forza i riflettori sui pochi libri nei quali si è investito massicciamente, lasciando nel cono d'ombra la maggior parte delle opere. E questo avviene spesso, anche se non sempre, a scapito della qualità, che in ogni caso non rappresenta l'unico parametro.

Non conosco direttamente la relazione tra gli autori e i loro agenti, per forza di cose diversa da quella che intrattengo io con gli scrittori che pubblico. Agente e autore sono due soggetti che trovano un accordo per un obiettivo comune, insomma, sono attori diversi che devono raggiungere un compromesso per un fine condiviso. L'agente, almeno in teoria, combacia perfettamente con l'autore, *deve* fare l'interesse dell'autore.

Per me è più onesto e chiaro il rapporto tra editore e autrice/autore: ognuno persegue il proprio interesse, ma ci si mette assieme per cercare di realizzarlo. È una società di fatto. Se funziona si va avanti, sennò ognuno prende la propria strada. Il rapporto è dialettico ma equilibrato: l'autore consegna a questa società di fatto la propria opera, l'editore mette il proprio mestiere e le proprie risorse al servizio dell'opera in questione. Anche l'editore rischia, forse più dell'autore.

Avere tanti soci non è facile. Non è la stessa cosa che averne uno solo, come succede in tante esperienze di affari. È difficile dedicare a ciascuno dei soci il tempo che sarebbe opportuno e necessario dedicargli/le. Lui/lei, tra l'altro, ha solo me editore come socio (non sempre, ma spesso), quindi pretende giustamente un ascolto maggiore. Ma per me, ci tengo a sottolinearlo, ognuno di questi soci è come se fosse unico: con lei/lui ho un'impresa speciale, irripetibile, un impegno da rispettare. Io ho letto quello che lei/lui ha scritto e so che è una cosa unica. Metterò le mie competenze al suo servizio. Sarò al suo fianco davanti al pubblico. Questo fa l'editore. E nessun altro può farlo, perché solo l'editore ha gli strumenti, l'identità e le risorse per farlo.

I FATTI

Di tutti i rapporti con le autrici e gli autori pubblicati, quello con Massimo Carlotto è stato forse il più complesso, il più ricco, il più tormentato. Matrimoni, inaugurazioni, feste, funerali, tradimenti, liti, abbracci, nascite, rotture, riconciliazioni, abbiamo attraversato assieme tutto, nelle montagne russe degli avvenimenti e delle emozioni. Siamo presto diventati amici e abbiamo concepito la nostra collaborazione come un'impresa comune in cui condividere tutto, trionfi, insuccessi, gioie. La torta con l'immagine di copertina del Fuggiasco*, un colorato furgoncino sudamericano fatto di glassa, per celebrare il nostro primo libro assieme nel 1994. Il matrimonio di Massimo e Colomba gioiosamente festeggiato a Cagliari con tre giorni tra bar e spiagge. La nascita di Giovanni. I primi* *successi. L'invenzione comune del noir mediterraneo. I concerti, gli spettacoli. I viaggi ad Algeri e a New York, con lo smoking affittato per l'Edgar Crime Fiction Award e le magnifiche, lucidissime scarpe bianche e nere di Massimo. La sua nomina a commissario politico della casa editrice, ironica ma neanche troppo. Le infinite presentazioni, in piccolissime librerie di provincia, a volte strapiene a volte con due soli spettatori, o in amplissimi anfiteatri davanti a centinaia di persone concentrate e felici. Le riunioni per definire i nostri piani di attacco, le liti, le insoddisfazioni, le telefonate per salutare una bella recensione o il primo posto in classifica. I veleni. I film del* Fuggiasco *e di* Arrivederci amore, ciao. *Grandi soddisfazioni. L'interminabile e ostinata ricerca per portare l'Alligatore in* TV, *le paure dei produttori per un personaggio così irregolare, infine il felice intervento di Domenico Procacci (stimolato dal nostro Maurizio Dell'Orso) che riesce a portarlo a RaiDue.*

Tante, tantissime cose vissute assieme. Forse più di quanto un'amicizia possa sopportare. Tanti interessi, tante profonde aspettative, tan-

te fragilità. Un'amicizia può passare attraverso tutte queste esperienze e resistere? Sì, può farlo. È stato difficile, ma ce l'abbiamo fatta. Lo scrittore e il suo editore sono rimasti amici e hanno dimostrato, al tempo stesso, che può esistere un modo di pubblicare ed essere pubblicati fondato sulla passione e sulla fedeltà.

Altri fatti

Torino, primi anni Novanta. Eva avrà avuto due, massimo tre anni. La portammo al Salone del Libro. All'epoca non prendevamo una camera in albergo, dormivamo da Laura, l'amica del cuore torinese di Sandra. Un'accoglienza calorosa, commovente, con una sola piccola ombra: gli inevitabili litigi politici con la nostra padrona di casa, molto più a sinistra di noi. Ma le perdonavamo ogni eccesso ideologico per l'affetto che ci regalava, le cenette piemontesi e anche la cura di Eva. La piccola trascorreva varie ore al giorno dentro l'affollato Salone, totalmente assorbita in un'affascinante attività: salire e scendere una lunga scala mobile. I genitori erano indaffaratissimi allo stand, presi tra la gioia di ricevere appassionati lettori (all'epoca vendevamo noi stessi i li-

bri, senza bisogno di "standisti") e intrattenere un autore russo. La sera poi c'era da contenere l'irruenza festaiola di Sergio Fanucci, "editore de' paura", com'era stato battezzato all'epoca perché specializzato in fantascienza e horror. Assieme al nostro redattore-factotum Alfredo Lavarini (il "direttore", come lo apostrofava un altro amato amico, il distributore Carlo Cherici di PDE*), agli editor della collana avant-pop di Fanucci, Mattia Caratello e Luca Briasco, passavamo notti etiliche ad attendere la riapertura degli stand la mattina seguente. Una vita spericolata, senza la coca ma con una figlia e una casa editrice. E la festa all'Hiroshima per l'autore libanese Nassib, con tanto di danza del ventre. E l'Azteco che veniva l'ultimo giorno e caricava sul camion i libri invenduti che avrebbe rivenduto al 50% sulle bancarelle di mezza Italia. E i promotori (i venditori) della* PDE*, tutti cari amici, capitanati da Sergio Marchioro e Roberto Passarini, fieri di "bivaccare" al nostro stand, simbolo di un'editoria indipendente di cui loro erano i paladini commerciali. E le decine di collaboratori di ogni genere e mestiere, che passavano allo stand,* *troppi per ricordarli tutti, ma tutti importanti e partecipi. Quante sbornie, vere o metaforiche, che davano a tutti noi la spinta necessaria a realizzare il sogno dell'editore-soggetto.*

Ancora sul marketing

Non c'è nulla di male nel voler vendere i libri. Anzi. È anche un grande divertimento. Pensate al Salone di Torino dove ci caricavamo di alcol e adrenalina per convincere i lettori della bontà delle nostre pubblicazioni. Per me era la parte più divertente delle fiere, più degli incontri letterari e degli scambi professionali. Peccato che con il passare degli anni il fisico non abbia più retto a quello sforzo sovrumano e che un editore "serio" debba stare seduto sul divano a dialogare con autori e collaboratori piuttosto che sbracciarsi sudato con un libro in mano a convincere il cliente che quella è la migliore lettura del mondo.

Cos'è allora che non funziona nell'attuale eccesso commerciale? L'eccesso stesso, appunto. Non si può dire *di qualsiasi libro* che è il più bello, il più avvincente, che gli americani si sono inginocchiati davanti al talento dell'autore, che il *New York Times* lo ha definito l'esordio dell'anno, che ricorda Salinger o Forster Wallace o García Márquez, che lascerà tutti a bocca aperta. Non è vero, non è quasi mai vero. Sono pochissimi i libri pubblicati che hanno queste qualità, e di solito ce ne accorgiamo dopo anni. Non si possono *ingombrare* vetrine e corridoi delle librerie con colonne, cataste, pigne, cascate di copie di uno stesso titolo, solo perché l'autore va sempre in TV ed è piacione. Non è tollerabile che tutto quello spazio venga sottratto a libri di autori meno noti ma spesso almeno altrettanto bravi. Non si crea una comunità di lettori solida e duratura mandando in libreria la gente a colpi di paginate sui quotidiani, apparizioni televisive, campagne d'intossicazione da decine di migliaia di euro. Non è bello che tante librerie (soprattutto di catena) vendano i loro spazi migliori invece di destinarli a libri che i librai hanno letto e apprezzato, e che quindi vorrebbero e dovrebbero consigliare. Chiunque vuole vendere il proprio libro. È un'aspirazione sacrosanta, e un'affermazione addirittura banale. Ma l'eccesso fa male. Il troppo stroppia. La prevalenza della funzione commerciale determina gravi storture nel mercato, nel modo stesso in cui vengono pubblicate e lette le opere letterarie. Il pubblico è confuso. Schiacciato da una valanga di novità (oltre 50.000 l'anno, oltre 100 al giorno), tempestato da una pubblicità che assorda e acceca, che impedisce di orientarsi e spinge in una sola direzione: là dove è stato investito più denaro. Noi lettori non siamo in grado di difenderci da questa offensiva martellante del marketing e alla fine ci ritiriamo sconfitti, confusi e frustrati. Voi direte: cosa c'è di male se l'editore vuole recuperare il denaro investito cercando di vendere il massimo di copie? Non è legittimo? Non è l'universale legge del mercato? Sì, certo. Peccato però che alla fine questa pratica distruggerà (sta distruggendo) l'autonomia dei lettori, il ruolo propositivo dei librai, l'obiettività dell'informazione. Distruggerà il mondo della lettura.

I FATTI

Le riunioni della rete promozionale della PDE. *Tre o quattro volte l'anno. Spesso in luoghi affascinanti: Praga, Barcellona, Nizza, Grand Hotel di Rimini, L'Avana. Quaranta o cinquanta persone: promotori, agenti, rappresentanti, venditori... Vengono chiamati in tanti modi, ma sono loro le persone che convincono i librai a prendere i nostri libri. Molti sono amici che frequentiamo da anni. Conoscono tutti i nostri libri, li hanno letti, ne hanno colto i punti di forza e le debolezze. Conoscono bene anche i librai della loro zona di competenza, quindi sanno fare i giusti abbinamenti: a quella libraia quel libro, a quel libraio quell'autore. I loro capi sono Carlo Cherici e Sergio Marchioro, due uomini poco noti fuori dagli ambienti della distribuzione libraria, eppure Carlo e Ser-*

*gio sono, insieme al fondatore dell'*ALI *Augusto Belloni, le due persone che più hanno fatto in Italia per difendere e far crescere l'editoria indipendente, la pluralità delle voci. Eccellenti commercianti, sono stati però anche raffinati esploratori del mondo variegato delle piccole case editrici. Con la loro organizzazione logistica, il savoir-faire finanziario, la scaltrezza commerciale, hanno portato nelle librerie e fatto conoscere al pubblico centinaia di scrittrici e scrittori di ogni genere, alcuni dei quali hanno così potuto ottenere successi spesso inattesi. Senza di loro il mondo della scrittura e della lettura sarebbe stato più povero.*

Sono loro a organizzare queste kermesse durante le quali ho la possibilità di illustrare ai promotori le novità editoriali che poi dovranno vendere alle librerie. Fin dall'inizio, in decine di riunioni nel corso degli anni, ho optato per presentare i libri con semplicità e passione, cercando di trasmettere l'entusiasmo con cui li avevo letti. Niente (o pochi) obiettivi di vendita, pochissimo marketing. Soprattutto storie, persone, emozioni, idee. Anno dopo anno ho visto queste donne e questi uomini ascoltarmi con attenzione, prendere dal mio discorso le parole utili che poi avrebbero girato, trasformate, alle libraie e ai librai di tutta Italia.

Bando dunque a ogni equivoco! Quando dico che è il libro a contare e non il marketing o lo sconto o la vetrina, non intendo dire che queste cose non siano importanti, che queste donne e uomini che per anni hanno venduto i nostri libri non siano decisivi. Loro sono decisivi, come lo sono i librai. Gli strumenti di vendita sono importanti. Ma il libro è il centro, è l'inizio e la fine. Grazie al libro, e solo con esso, avviene il magico incontro tra Autore e Lettore, che è il luogo sacro dove si officia il grande rito della lettura. Vendere è importante non solo per banali motivi economici, ma perché è il passaggio necessario per arrivare allo spazio della lettura.

Arbitri?

I giornali e i premi letterari dovrebbero essere gli arbitri della competizione letteraria. Con le recensioni e con l'assegnazione di premi dovrebbero aiutare i lettori a orientarsi nella foresta dei libri pubblicati. Dovrebbero aiutare a distinguere tra le spinte del marketing e il valore delle opere. Aiutare la qualità, l'originalità, l'autenticità a farsi strada in un mondo affollato di troppe proposte.

A me non pare che svolgano questo compito al meglio. Ci sono ovviamente le eccezioni, a volte alcuni di loro affrontano la missione con coscienza. Ma il bilancio complessivo è fallimentare.

Possiamo dirlo con una certa sicurezza perché sono i lettori stessi a non ricorrere all'aiuto di giornali e premi per decidere cosa leggeranno. Vari sondaggi indicano che le recensioni e i premi sono tra i motivi meno scelti dai lettori per arrivare a un libro. Prima ci sono il passaparola, il consiglio di un'amica o di un amico, il suggerimento del libraio, il titolo, la copertina, i percorsi personali. Il pubblico non legge quasi più, o legge distrattamente, gli inserti letterari dei giornali, non si fida dei giudizi che vengono espressi. Come editore posso testimoniare che anche grandi recensioni piene di elogi producono solo poche decine di copie vendute in più. Segno che pochissimi lettori si sono fatti influenzare dalla recensione, ammesso pure che l'abbiano letta.

Perché allora il notevole investimento dei gruppi mediatici in corposi inserti letterari? Perché mobilitare tanti giornalisti, scrittrici, saggisti, per riempire decine di pagine che solo poche persone leggeranno? Credo che la ragione risieda, oltre che nel cercare di attrarre risorse pubblicitarie, nell'obiettivo di coinvolgere almeno la nicchia dei professionisti del settore: gli editori, i collaboratori delle case editrici e degli eventi letterari, gli stessi autori, i professori universitari, ovvero alcune migliaia, forse decine di migliaia di persone che hanno qualche relazione professionale con il mondo dei libri. Ma è un dato di fatto che i milioni di lettori che esistono in Italia restano tagliati fuori. (Nonostante l'Italia sia un paese dove si legge relativamente poco, ce ne sono comunque 30 milioni, e di questi 5 milioni sono lettori forti, ovvero che leggono almeno un libro al mese, secondo i dati dell'AIE.)

Puntare su una nicchia di lettori autoreferenziali (che acquistano e sfogliano l'inserto letterario per trovare riferimenti a se stessi o a propri conoscenti) invece che sull'ampio pubblico dei lettori è ovviamente più facile. Sarebbe molto più difficile trattare temi capaci di coinvolgere i lettori "comuni", far scrivere recensori autorevoli e obiettivi, attrarre l'attenzione di un pubblico che, sebbene ami leggere, fatica a "decodificare" le recensioni e soprattutto non si fida di chi le scrive.

Ci sono un paio (sì, solo un paio) di "istituzioni" in Italia capaci di mobilitare un pubblico più vasto, ma che spingono in direzioni quasi opposte. La prima è il Premio Strega, i cui piccoli intrighi e pettegolezzi muovono la curiosità di un numero di lettori più alto del solito. Inoltre il fatto di essere un premio “antico”, vinto pure da scrittrici e scrittori importanti, il fatto di essere capace di creare un certo battage attorno al processo di selezione e poi di eliminazione dei candidati, lo hanno dotato di una discreta potenza di fuoco. Il vincitore dello Strega vende alla fine oltre centomila copie (non sempre, ma spesso), il che lo mantiene per mesi ai primissimi posti delle classifiche dei bestseller. Parliamo comunque di centomila copie o poco più: non sono un granché se si pensa che nel nostro paese ci sono cinque milioni di lettori forti, ma sono comunque abbastanza per mobilitare i grandi editori e spingerli a spendere somme importanti nella speranza di portare a casa il premio.

Un’altra “istituzione” che riesce a coinvolgere alcune centinaia di migliaia di lettori, ma che è molto diversa dal Premio Strega, è il Salone del Libro di Torino. Al Salone non ci sono gare, né un vincitore. Anzi, il pubblico (che paga un biglietto) viene invitato a sciamare tra gli stand degli editori e tra le centinaia di eventi e incontri in programma per apprezzare la diversità delle voci e il pluralismo culturale del mondo editoriale. La gente viene e partecipa perché c'è un clima di festa, ma anche e soprattutto perché può scegliere in autonomia: cosa comprare, quale incontro seguire, da quale autrice o autore farsi firmare una copia del libro. Al Salone c'è un'aria "democratica", non la sensazione di trovarsi in un territorio dominato da conventicole.

E tuttavia, neppure queste due importanti istituzioni culturali riescono a svolgere fino in fondo la funzione di aiutare davvero i lettori nelle loro decisioni. Lo Strega perché la scelta del vincitore viene percepita (giustamente) come il punto di arrivo di pressioni e intrallazzi editoriali. Il Salone di Torino perché, semplicemente, rinuncia a incaricarsi di questa missione, puntando piuttosto alla partecipazione e alla libertà di scelta del pubblico.

*

Il lettore resta quindi solo e disorientato di fronte all'enorme offerta editoriale.

Ma sarebbe davvero così difficile svolgere il ruolo di informatori obiettivi sulla produzione libraria? Risposta sicuramente complessa. Io mi limito a portare la mia testimonianza di oltre quarant'anni di lavoro editoriale. In questo non brevissimo lasso di tempo avrò visto quattro, forse cinque giornalisti o critici varcare la soglia del nostro ufficio, oppure invitarmi nel loro, per capire il perché delle nostre scelte, per indagare cosa c'è dietro una linea e un progetto editoriali. Mi ha sempre stupito l'assenza di curiosità di tanti giornalisti. Come mi ha sempre colpito il conformismo di tante redazioni giornalistiche. Non mi è successo quasi mai di assistere alla scena di un responsabile delle pagine sui libri che chiedeva lumi su un autore sconosciuto e che assegnava la recensione di quell'opera a un suo collaboratore. Nel 90% dei casi, ad accaparrarsi l'interesse dei giornali sono stati sempre i soliti nomi famosi o, in alternativa, lo scandalo, il caso clamoroso.

Forse i giornalisti culturali non credono che gli editori, quantomeno certi editori, abbiano un ruolo determinante nella produzione letteraria. Non credono cioè agli editori-soggetto, forse con pochissime eccezioni (di solito storicamente terminatesi). Beh, io penso che sbagliano. E ripenso ad alcuni critici che ci seguirono nei primi anni…

Editori-soggetto dentro la grande editoria?

Sappiamo che pure i grandi editori pubblicano molti bei libri. Alcuni sono autori scoperti da piccole case editrici e poi passati a quelle più grosse, ma altri hanno iniziato direttamente all'interno di un grande marchio editoriale.

Gli editori-soggetto, o figure in qualche modo analoghe, possono dunque operare anche dentro ai grandi gruppi editoriali? Gli editori indipendenti non hanno dunque il monopolio di quell'autonomia, di quella libertà di giudizio e di manovra che consentono un'editoria di qualità?

È evidente che esistono all'interno dei grandi gruppi degli editor e dei direttori editoriali che scelgono i testi da pubblicare a partire dal proprio gusto e giudizio letterario, creano rapporti professionali stretti con gli autori, difendono le proprie scelte di fronte al management e al marketing dell'azienda in cui lavorano. Sono persone che operano in larga misura alla stessa maniera di tanti editori indipendenti.

In linea di massima hanno anche più risorse a disposizione per pubblicare con successo i libri che hanno scelto. Ma ci sono dei ma...

Il primo è dato dalle dimensioni delle case editrici. Laddove un piccolo editore può avere il punto di pareggio, vale a dire il *break-even*, a – diciamo – 2.000 o 3.000 copie, un editore di maggiori dimensioni dovrà necessariamente vendere almeno 6.000 o 7.000 copie dello stesso libro per recuperare le spese (che sono più alte). Questo fa sì che raramente il grosso editore si assumerà il rischio di pubblicare un libro di cui prevede vendite più basse del suo *break-even*. E poiché tutti sanno che tanti bei libri inizialmente vendono poco o anche molto poco, quei libri saranno esclusi a priori dalla scelta dei grandi editori.

Ma non è questa l'unica differenza tra gli editori indipendenti e i direttori editoriali o editor che lavorano nei grandi gruppi. Questi ultimi, infatti, devono superare un'insidiosa barriera per vedere pubblicati i libri che amano: devono affrontare sia il management aziendale che gli uffici commerciali e del marketing. Può essere che sia i manager che gli uomini del marketing chiudano un occhio su tante scelte "difficili" – non immediatamente "commerciali" – fatte dagli editor, ma lo faranno la prima volta, ossia nel caso di un esordiente per il quale le parole di lode dell'editor lasciano sperare in un possibile successo commerciale. Difficilmente approveranno la proposta di continuare a pubblicare un autore che ha avuto risultati di vendita insoddisfacenti. Anche l'editore indipendente deve tener conto prima o poi degli esiti commerciali dei libri che pubblica, ma le sue perdite minori gli consentiranno forse di resistere più a lungo e proseguire con la pubblicazione dei libri di un autore che vende poco. Inoltre, proprio la sua caratteristica unica di essere un editore-soggetto, ovvero di potersi muovere senza essere schiavo delle esigenze del marketing e del management, di potersene addirittura “fregare”, fa sì che in ultima analisi la sua decisione sarà più di carattere estetico o politico. Comunque più di carattere soggettivo che non economico e commerciale.

I FATTI

Zio Casimiro. Kazimierz Brandys, scrittore polacco, ebreo, resistente, comunista, poi dissidente. Strana sensazione quella di avere uno zio in Polonia, un paese lontanissimo dalla mia cultura. Lessi la trama del suo romanzo Rondò *(non leggo il polacco), fortunosamente giunto nella nostra redazione avvolto in un pacchetto di carta da macelleria con uno spago attorno, pochi giorni dopo il colpo di stato filo-sovietico in Polonia del dicembre 1981. La sua editrice polacca aveva intuito l'unica possibilità perché il romanzo venisse pubblicato: spedirlo all'editore italiano mentre in patria veniva proclamata la legge marziale. M'innamorai di quella trama (un inno all'immaginazione contro la brutalità della Storia) e mandai a Brandys – che per una coincidenza fortuita al mo-*

mento del golpe si trovava a New York, dove era stato invitato a un convegno – un assegno di dieci milioni di lire. Ne aveva un disperato bisogno, perché non aveva più niente. Pubblicammo Rondò *e vendemmo i diritti in molti paesi. Diventammo amici. Intanto il presidente Mitterrand lo accolse in Francia come rifugiato politico. Andavo spesso a Parigi a trovare zio Casimiro nel suo appartamentino dietro rue des Rosiers, dove trascorrevo pomeriggi ad ascoltare le straordinarie storie della sua vita. E zio Casimiro veniva a volte a trovarci in Italia. Ricordo un bellissimo falò in campagna, Eva piccola che serve il tè allo zio e a sua moglie Maria nel nostro appartamento di viale Angelico a Roma, l'ingresso di Brandys a fianco di Christa Wolf nell'aula magna strapiena della Statale di Milano, pochi giorni dopo la caduta del Muro di Berlino, in un incontro organizzato da Goffredo Fofi. E lui, zio Casimiro, che nella vita ne aveva viste di tutti i colori, sempre con il suo sorriso ironico sulle labbra.*

I libri di Kazimierz Brandys non hanno avuto il successo che meritavano. In Polonia era stato uno scrittore popolare, in un rapporto tor-

mentato e contraddittorio con il sistema socialista. Dopo l'iniziale adesione al Partito e alla ideologia del realismo socialista, era stato tra i protagonisti del Disgelo nel 1956 e negli anni successivi. I suoi libri avevano riflesso le tumultuose, spesso dolorose, vicende della storia polacca: le occupazioni straniere, le guerre, il patriottismo, la Shoah, la Resistenza, lo stalinismo, Solidarność.

Io mi ero innamorato di Rondò, *storia follemente romantica di un giovane che inventa un'organizzazione partigiana per dare una risposta alla sete di avventura della ragazza che lui ama ma che non lo ricambia. Un'idea pazza dalle conseguenze devastanti. Un gioco estremo con la Grande Storia. Un romanzo che ha fatto gridare al capolavoro tanti critici, che ha ricevuto premi ed è stato tradotto in molte lingue. Noi, che ne avevamo i diritti mondiali, lo abbiamo sostenuto con tutte le nostre forze. Ma il successo è stato relativo, e io e zio Casimiro siamo rimasti con un po' di amaro in bocca. Nel suo esilio parigino era diventato amico di Milan Kundera, un altro grande esule dell'Est europeo. S'incontravano spesso, si stima-*

vano, discutevano. Ma Kundera ha avuto più successo di Brandys. Le cose sono andate così, e il più delle volte non se ne comprende neppure il motivo. Io ho continuato a pubblicare i libri di zio Casimiro anche quando non vendevano più nulla. Perché mi piacevano, perché adoravo il loro autore. E perché questo è ciò che un editore deve fare. Diversamente, è molto probabile che Rondò *non sarebbe stato pubblicato se non dopo molti anni, e solo in Polonia.*

La scelta dei nostri libri

Ma come abbiamo scelto, nel tempo, i titoli da pubblicare?

All'inizio i canali di "approvvigionamento" furono soprattutto due: innanzitutto Parigi, con la sua inesauribile riserva di idee, storie, immigrazioni, editori, librerie, libri… un tesoro a cui attingere felicemente. Poi i contatti (non molti) che avevamo a Roma con l'università (Sandra aveva studiato lingue e letterature slave con Ripellino, Ambrogio, Maver, Lo Gatto, Platone, Cesare de Michelis ecc.), con *Il manifesto* e *Lotta Continua* (Domenico Starnone, Pietro Veronese, Giandomenico Curi, Aldo Natoli, Lisa Foa, Alex Langer, Goffredo Fofi, il trotzkista Attilio Chitarin, che tradusse il romanzo di Victor Serge *È mezzanotte nel secolo*), con alcuni istituti di cultura stranieri. Per fare qualche esempio: *Storia della poesia ceca contemporanea* di Angelo Maria Ripellino, *Lettere (1903-1908)* di Blok e Belyi, *Diavoleria* di Remizov, *L'angelo di fuoco* di Brjusov arrivarono come proposte degli studiosi di letterature dell'Est che Sandra aveva incontrato all'università; così come alcuni titoli più politici ci vennero consigliati o furono curati dagli amici della sinistra extraparlamentare (Natoli scrisse l'introduzione alle memorie del capo della polizia di Budapest che si unì ai rivoltosi nel 1956, Sándor Kopácsi; Giandomenico Curi scrisse un libro sul cinema di Andrzej Wajda; Veronese tradusse dal francese e curò *Viaggio in Turchia, in Egitto e in Marocco* dell'eccentrico scrittore settecentesco polacco Potocki; Anita Raja, moglie di Domenico Starnone e germanista, accompagnò Sandra a un "mitico" convegno di Perugia nei primi anni Ottanta dove, per la prima volta in Italia, si parlò dello straordinario fenomeno delle scrittrici della DDR e venne fuori il nome, fino ad allora a noi sconosciuto, di... Christa Wolf).

Fin dall'inizio, dunque, il nostro fu un

profilo di eccentricità. Lontani dal "centro" politico (a Roma ovviamente costituito dai grandi partiti come PCI, PSI e DC, con i quali non avevamo rapporti) e dal "centro" culturale (ancora a Roma, i circoli letterari come quello che ruotava intorno allo Strega, o come alcuni scrittori allora emergenti che si raccolsero piuttosto attorno alla casa editrice Theoria, autori come Petrignani, Lodoli, Veronesi). Frequentavamo poco, viaggiavamo molto, piuttosto, oppure ci confrontavamo con persone singole di ambienti legati all'estero o ad aspirazioni politiche più estreme.

Sfoglio l'agenda di allora. 10 settembre 1979, tra i libri da cercare per acquistarne i diritti ed eventualmente tradurli ci sono Ciliga, *Au pays du mensonge déconcertant*, testimonianza sullo stalinismo sovietico; e *Living My Life*, l'autobiografia di Emma Goldman, anarchica americana di origini russe. Due libri che poi non abbiamo pubblicato, ma che testimoniano della nostra passione politica e dell'indagine che volevamo portare avanti sulle speranze e sui tragici errori (e crimini) della storia del movimento rivoluzionario. Sempre lo stesso giorno l'agenda riporta: "scrivere ad Antonin Liehm [autore di una biografia di Miloš Forman ed esperto della *nouvelle vague* cinematografica cecoslovacca], scrivere a Francesco Cataluccio [polonista che tradusse per noi un diario di Gombrowicz]; chiedere a Laura di un suo amico per una prefazione a un romanzo russo di Michail Kuzmin su un giovane omosessuale", ma poi naturalmente anche: "sentire il notaio, protestare in banca per interessi passivi alti, telefonare a Marcello Baraghini per tipografia, riunione con X e Y, assegno a Nennella [Nennella Bonaiuto, che aveva studiato con Sandra ed era appassionata di cinema sovietico, lavorava all'inizio nella casa editrice]...".

Eravamo, Sandra e io, due ragazzi un po' allo sbaraglio, ma capaci di ascoltare persone più esperte e avidi di esplorare, scoprire e far conoscere. Al contrario di altre storie editoriali, non eravamo nati dentro quegli ambienti, né l'editoriale né l'accademico né il letterario. Eravamo figli di una borghesia non così colta, una borghesia di azione più che di studio. Eravamo, tutto sommato, diffidenti del potere delle idee, della loro reale capacità di cambiare un mondo che non ci piaceva. Piuttosto anti-intellettuali, guardavamo alle classi subalterne o, ancora più, a individui fuori-classe, personalità emarginate dai loro stessi ambienti di provenienza, destini solitari e spesso tragici, soggetti rifiutati e travolti dalla Storia.

A un certo punto pubblicammo un catalogo dei nostri autori, con poche righe biografiche su ognuno di loro dalle quali venivano fuori le vite drammatiche, avventurose, di donne e uomini che il corso tragico degli avvenimenti aveva ferito, sconvolto, talvolta ucciso. L'interesse per la personalità degli scrittori, per le loro esistenze, è stato da sempre, per Sandra e per me, un elemento importante quasi quanto le loro voci, la loro capacità di parlare ai lettori. Non ci è mai piaciuto disgiungere l'arte degli autori dal modo in cui avevano vissuto e partecipato alla loro epoca. I libri sono importanti, ma altrettanto lo sono le opere, le azioni. In casa mia e di Sandra, quando eravamo bambini e poi ragazzi, c'erano libri ma non grandi biblioteche. I nostri genitori leggevano e davano importanza allo studio e alla cultura, ma senza esagerare (a parte forse mia madre, figlia di immigrati italo-americani, per la quale gli studi servirono anche come ascensore sociale; e la madre di Sandra, avida lettrice). A me da piccolo piaceva molto leggere, ma non solo e non tanto romanzi, quanto soprattutto giornali, enciclopedie, fumetti, tutto Salgari, la Bibbia per il bambino. Più tardi qualche libro consigliato dagli insegnanti, dai genitori e da alcuni loro amici. Silone, Moravia, Steinbeck, London, Kawabata... Letture non frequenti ma che lasciarono il segno. Sandra nel frattempo faceva indigestione di tutte le letterature dell'Ottocento: i russi, i francesi, gli inglesi. Da ragazza si chiudeva in camera per giorni e giorni immersa nella lettura. E anche dopo, all'università, ebbe una frequentazione con la letteratura che io non ho mai avuto, prima di iniziare a fare l'editore.

I FATTI

Primi anni Settanta. Parigi. Cammino su boulevard Saint-Michel. È pieno di furgoni di CRS, *i poliziotti anti-sommossa. M'infilo in un vicolo e sono alla Joie de Lire, la libreria aperta nel 1957 da François Maspero, punto di riferimento dell'estrema sinistra, ricca di moltissimi libri di Che Guevara, Frantz Fanon, Mao, Angela Davis, Herbert Marcuse, Wilhelm Reich… Li guardo, li sfoglio ma non li leggo, non ho tempo. Mi devo "caricare" per tornare sulla strada. Esco, mi fermo alla pasticceria tunisina e compro un dolce di miele e mandorle, poi percorro un paio di isolati e scendo le scale della stazione del métro. Ho un appuntamento con altri compagni. Sono già sulla banchina e aspettano il treno, siamo tanti e lanciamo slogan. Conosciamo il percorso, sappiamo a quale stazione dobbiamo scendere. Spuntiamo fuori dal sottosuolo sui* grands boulevards. *Siamo cento o duecento compagni. Corriamo sulla carreggiata e cantiamo:* Prenez garde/à la jeune garde/qui descend sur le pavé. *Poi mi ritrovo a casa di Laurence e Marie. È un palazzo borghese, un enorme appartamento, elegante. Il padre è un famoso attore, la madre una cantante leggendaria. I genitori non sono in casa. Io ho i pantaloni strappati. Sono caduto durante la carica della polizia. Mi fa male la spalla per una manganellata. Le ragazze non dicono niente. A me piace Marie, ma sta con Claude, un trotzkista. Ci stendiamo a terra in camera di Laurence e ascoltiamo un disco di Léo Ferré. Il tempo scorre lento. Ci passiamo le canne. Sono sulla Rive gauche.*

*Anni dopo percorro le stesse vie con Sandra. Appuntamenti. Editori. Scrittori. Sono tutti lì, intorno all'Odéon. Su rue de l'Odéon una volta, prima della guerra, c'erano due librerie. Quella americana di Sylvia Beach, Shakespeare & Company, poi trasferitasi sul Lungosenna, aveva pubblicato l'*Ulisse *di James Joyce. L'altra, La maison des amis du livre, francese,* *accoglieva gli intellettuali di casa. A ogni portone c'è l'insegna di una casa editrice. Ogni cento metri ci sono una galleria o una libreria. A poche decine di metri, il Café de Flore, Les deux Magots e la Brasserie Lipp, apprezzata da Sartre e Picasso. Un salotto letterario. Una fucina d'idee. Attorno ci sono le grandi scuole, università e accademie in cui è nato il pensiero dall'illuminismo in poi. Quante idee scambiate, quanti incontri e spunti. Penso a noi di E/O, così isolati, lontani da questo maelstrom d'idee. Possiamo dare il nostro contributo dalla periferia? A Roma non c'è niente di simile. Se esistono dei salotti culturali, noi non li frequentiamo. I nostri amici sono persone comuni, leggono ma non fanno parte di circoli letterari. Non vivono dentro lo scambio continuo d'idee che c'è in una certa Rive gauche. Eppure Roma non è cerebralmente morta, tutt'altro. Ci hanno vissuto e lavorato Rossellini, Fellini, Risi, Monicelli, Bertolucci, Sergio Leone, Ennio Morricone, ma anche Flaiano, Moravia, Pasolini, Morante e tanti altri. Spesso appartati, assorti nel lavoro. Se Roma è periferia, è una periferia che produce idee e bellezza.*

Dobbiamo allontanarcene ogni tanto, viaggiare, incontrare i nostri autori internazionali, respirare la loro aria. Poi tornare e lavorare.

Vent'anni nel gruppo

Come capita ai ciclisti nel Tour de France, la maggior parte degli editori (quindi quasi tutti gli indipendenti) gareggia restando all'interno del gruppo. Pubblicano i loro libri (non troppi), soffrono per assicurare loro una visibilità che raramente hanno sui giornali e nelle librerie, chiudono bilanci magri, vivono con molti debiti e poche soddisfazioni.

Per oltre vent'anni, alla E/O abbiamo vissuto nella pancia del gruppo: pedalare, portare acqua e assistenza agli aspiranti campioni (che erano anche competitor), qualche raro tentativo di fuga, una vita da gregari. Ci piaceva. Ogni tanto arrivava pure qualche inattesa ricompensa: una recensione gloriosa, qualche ordine più consistente dalle librerie, l'incontro con un autore, l'allegro scambio di racconti di sventure con altri piccoli editori (la Fiera di Belgioioso fu negli anni Novanta uno di questi felici ritrovi tra compagni di sconfitte e di bevute). Ma era, complessivamente, una vita grama. I fatturati ristagnavano, e se crescevano lo facevano con percentuali da paesi poveri. Chiudevamo sempre in rosso, anno dopo anno, assistendo inermi al gonfiarsi del debito. Una spirale da cui sembrava impossibile uscire. Le vendite e i ricavi erano troppo bassi e, per quanto contenessimo i costi, il risultato era sempre negativo. Il patrimonio di cui inizialmente disponevo si stava prosciugando e dovevamo ricorrere alle banche per farci prestare denaro, caro e inevitabile portatore di notti insonni. Soffrivamo, come ogni bravo gregario, ma senza neppure la soddisfazione di una squadra che vincesse per tutti noi. A vincere erano sempre gli avversari, più ricchi, più esperti, più introdotti di noi.

Nel 1984, a cinque anni dall'inizio, ottenemmo il nostro primo successo. Pubblicammo *Cassandra* di Christa Wolf. L'autrice venne in Italia ed ebbe un'accoglienza notevole.

I giornali ne parlarono, ci furono incontri affollati. Tutto il femminismo italiano si mobilitò. Vendemmo alcune decine di migliaia di copie, una roba inaudita per noi, e il libro si affacciò anche, pur se brevemente, nelle classifiche. La nostra esplorazione all'Est stava dando qualche primo frutto. Replicammo due anni dopo con *Ho servito il re d'Inghilterra* di Bohumil Hrabal, che fece gridare al capolavoro molti critici e scrittori nostrani. La collana praghese, diretta da Milan Kundera (che sarebbe esploso come autore dell'*Insostenibile leggerezza dell'essere* poco tempo dopo), ci portò molto prestigio. Ma le vendite rimasero insufficienti a farci uscire dal gorgo delle perdite economiche. Se leggo i bilanci di quegli anni, rilevo che dal 1985 al 1995 il fatturato raddoppiò (ma rimanendo sempre modesto in termini assoluti: raggiunse quota un miliardo di lire, che suonano bene ma che corrispondono ad appena 500.000 euro di oggi), solo che per farlo dovemmo spendere di più, chiudendo in perdita quasi ognuno degli anni di quella decade. Soprattutto, il debito cresceva e cresceva, e di notte assumeva sembianze spaventose, perché nel frattempo intervenne un fatto familiare che prosciugò del tutto le riserve patrimoniali. Non è questo il luogo per raccontare la triste vicenda, ma una grandissima sventura economica ridusse quasi a zero le ricchezze di famiglia. Io riuscii a salvare qualcosa, ma dovetti ipotecarlo per ottenere dalle banche il credito necessario a far sopravvivere la casa editrice. Dopo la sbornia collettiva ed edonistica degli anni Ottanta ci svegliammo anche noi con il cerchio alla testa. Dovetti rimboccarmi le maniche, trascorrere le sere a fare i conti, imparare a dire no. Rischiavamo di essere espulsi addirittura dalla coda del gruppo.

I FATTI

Un agosto del terzo millennio. L'androne del palazzo immerso in una penombra silenziosa, fuori la città deserta per la domenica d'agosto. Chiuso il portone alle spalle, il fresco alleggerì il peso che avevo nel petto. Quella mattina mi ero svegliato con un senso di angoscia. Mia moglie era al mare con le amiche, mia figlia in qualche paese lontano migliaia di chilometri. I pochi amici erano altrettanto distanti. Roma era stata abbandonata da tutti. Nel percorso tra casa e l'ufficio avevo incrociato solo un gruppetto di sudati turisti nordici, una vecchietta con la badante che procedevano al rallentatore, e un paio di bengalesi seduti su una panchina. In altri tempi la città vuota, muta e cotta dal sole mi era piaciuta. Ma ora non ero più capace di vedere la bellezza in quel corpo di bestia addormentata. Un tempo mi ero inventato storie che uscivano dai recessi segreti dei palazzi e degli appartamenti lasciati vuoti o presidiati da poche ombre dai destini eccezionali. Ora non più, come se le meravigliose storie di quei fantasmi non potessero più prendere vita.

Entrai nell'ufficio al pianterreno e presi una seconda boccata d'aria vedendo al loro posto i soliti cartoni, i libri negli scaffali, i quadri alle pareti, i cataloghi sparsi sui tavoli, la fotocopiatrice, le risme di carta, il distributore dell'acqua. Il silenzio assoluto regalava una nuova dimensione a quegli oggetti. C'era qualcosa d'inquietante. Mi venne in mente che molti anni prima, in un appartamento dello stesso quartiere di una Roma svuotata dal calore estivo, c'era stato l'omicidio di una giovane donna, un delitto che ancora non aveva trovato soluzione. Chissà se l'assassino continuava ad aggirarsi in quei condomìni deserti. Erano tutte quelle cose irrisolte a creare il mio senso di fragilità e di angoscia? La mia stessa vita pareva non aver trovato risposte alle domande che mi ero posto da bambino e poi da ragazzo. Risposte che avevo cercato nei libri, più che nell'esperienza.

Adesso quei libri erano lì, chiusi, muti. Toccava a me interrogarli. Una volta ancora, per non finire travolto dal senso di disfatta. Non mi restavano molti anni da vivere, ero solo e imbevuto di un amaro sentimento di inutilità.

La prima volta che avevo messo piede in quell'ufficio era stato a metà degli anni Ottanta. Dicevano fosse stato una casa d'appuntamenti. All'inizio avevamo adibito a sede della casa editrice un appartamento che però volevamo abitare. Era un bell'alloggio luminoso al quinto piano, vuoto di mobili e di persone salvo che per una scrivania, due tavoli, qualche scaffale, io, Sandra, Alfredo e mia sorella Linda. C'era stata la prima visita a Roma di Christa Wolf e del marito Gerhard, che avevamo prelevato a Fiumicino con la nostra vecchia Fiat 127 e portato nella nostra sede dove Linda, con un braccio ingessato, sedeva davanti a una macchina da scrivere. Gerhard aveva mormorato oscure parole tedesche ridacchiando con la moglie, mentre io, Sandra e Alfredo ci agitavamo attorno a quegli ospiti d'eccezione. La maggiore scrittrice tedesca vivente nel nostro ufficio! Direttamente da oltrecortina. Po-

chi giorni dopo Alfredo era entrato in ufficio annunciando che proprio dietro l'angolo aveva trovato un appartamento in affitto uso ufficio. Tra l'altro, trovandosi al pianterreno era adatto a caricare e scaricare libri. All'epoca non avevamo un magazzino e i volumi erano ammucchiati nella sede della casa editrice, quindi un pianoterra era molto più comodo rispetto a un quinto piano. Eravamo noi stessi a caricarli e scaricarli. Fummo felici così di spostare la nostra sede a meno di cento metri da casa.

Dopo trent'anni la casa editrice era cresciuta e il magazzino non era più nella sede dell'ufficio. Non si trattava più di poche migliaia, ma di centinaia di migliaia di volumi che erano depositati nella sede del distributore, in un gigantesco capannone del Nord. Nel nostro ufficio al pianterreno tenevamo solamente poche decine di copie di ogni titolo. Avendo in catalogo un migliaio titoli, si trattava comunque di circa diecimila volumi sparsi nelle varie stanze dell'appartamento. Presi una copia di Cassandra *di Christa Wolf e iniziai a sfogliarlo. Quel romanzo era stato il nostro primo bestseller, nel 1984, quando E/O esisteva da appena cin-*

que anni. Era un libro unico. L'autrice raccontava la storia della figlia di re Priamo calandosi nei panni della protagonista con le proprie idee ed esperienze di donna femminista e comunista del '900. Era un'immedesimazione straordinaria, che produceva effetti sbalorditivi. Cassandra amava ancora la propria patria Troia, ma ne presentiva già la prossima fine, capiva come il veleno del potere e della Realpolitik *stesse corrompendo un'impresa che un tempo aveva creduto pura. Troia, come la Germania comunista, non era più il luogo innocente che la giovane Cassandra-Christa aveva pensato che fosse. Nella feroce battaglia contro il nemico aveva preso le sue stesse fattezze. Il sospetto, la violenza, l'intrigo erano ormai la regola e a questo gioco i maschi erano i migliori. Le donne erano state messe da parte. Per Sandra, Christa era come una madre, un modello di madre ma anche un'amica più grande in carne e ossa, una persona che, pure a distanza e con una frequentazione occasionale, era un punto di riferimento.*

Con Christa, Gerhard, Anita, la traduttrice di Cassandra, *e Domenico, suo marito, andam-*

mo in Umbria nella nostra casa di Città di Castello. La vecchia casa colonica ci aspettava in fondo al vialetto di pini e in cima alla collina sovrastante l'Alta valle del Tevere. Al pianoterra – manco a dirlo – era zeppa di libri, quelli che non entravano più nell'ufficio di Roma e che io e Alfredo avevamo disposto su molte file di scaffali metallici. Le ragnatele li coprivano continuamente e ogni tanto passavamo lo straccio e lo spolverino. Pochi di loro tornarono tuttavia a Roma e poi in libreria: era già iniziato lo spietato processo di espulsione dal mercato di quei libri ai quali non era riuscito di diventare bestseller. Al piano superiore c'erano una grande sala con camino, una cucina e cinque camere da letto, dove ci distribuimmo. Al muro c'era il manifesto del Partito comunista italiano con la foto di mio padre che entrava ad Alfonsine alla testa del suo gruppo dell'Esercito di liberazione. Era difficile raccontare a Christa e Gerhard quello che alcuni compagni di guerra di mio padre mi avevano confessato: la soddisfazione di aver ucciso quanti più tedeschi possibile in quegli ultimi, feroci mesi di battaglie per cacciarli via dall'Italia.

È vero che i nostri ospiti erano cittadini della Repubblica Democratica Tedesca, quella che aveva ripudiato il passato nazista, ma non credo che avrebbero provato i miei stessi piacevoli sentimenti nel rievocare quelle morti cruente. Loro si portavano in spalla la propria storia e con quella facevano i conti. Eravamo appena all'inizio della comune strada europea. Condividevamo alcune analisi e molti valori, ma i percorsi non erano stati gli stessi. Quello di Christa, magistralmente raccontato nei suoi romanzi, era passato per una infanzia nazista, l'espulsione dalla sua regione natale ad opera dell'Armata Rossa, l'adesione giovanile al comunismo, la scelta di Christa-Rita di rimanere a Est dopo la costruzione del Muro (Rita è la protagonista del Cielo diviso, *che non segue a Ovest l'amato Manfred), i dubbi sempre più forti sulla* DDR, *i rifiuti, la rottura, il femminismo, Černobyl', un lento, inesorabile franare delle proprie illusioni, l'ultima speranza di una perestrojka nel 1989, poi la disfatta, gli insulti, le calunnie, fino all'auto-esilio (ma nel 1984 queste ultime tappe del percorso ancora dovevano materializzarsi).*

L'Umbria con le sue colline dalle mille sfumature di verde, il vino, lo sguardo dolce della vicina Madonna del Parto, i sacchi strappati e ricuciti di Burri, il nero, la terra, una civiltà antica che pareva essersi acquietata dopo secoli di sangue, accompagnarono noi sei, diversi per generazioni e storie, in un incontro che vivemmo come una parentesi ironica di vacanza dalle battaglie. Fu un avvicinamento, un tentativo d'amicizia tra persone altrimenti destinate a combattersi o a ignorarsi.

Adesso mi restava questo libro tra le mani, una vecchia copia tascabile di Cassandra. *Lo sfogliavo e leggevo parole e frasi a caso, facendole risuonare e mischiandole a quei ricordi per allentare la stretta che sentivo alla gola, il vuoto che mi sussurrava che nulla esiste, neanche i ricordi... Suonarono alla porta. Chi poteva essere, in quella domenica d'agosto? Pensai a uno dei rarissimi condomini rimasti in città sceso a seccarmi con qualche grana di tubi rotti o allarmi o chiavi perse, dopo avermi visto entrare (ma come?). Rimasi immobile, addirittura trattenni il fiato. Dopo pochi istanti il seccatore suonò di nuovo, con più insistenza. Con-*

tinuai a non muovermi e a tacere. Suonò per la terza volta. Ora non staccava il dito dal campanello, come a dire: "Sei lì dentro, lo so benissimo, non me ne andrò". Mi alzai dalla sedia furibondo, non avevo alcuna voglia di vedere chicchessia, per qualsiasi ragione, ma mi avvicinai alla porta silenziosamente e guardai nello spioncino. Mi mancò il respiro e indietreggiai. L'avevo riconosciuto. Nonostante fossero trascorse parecchie settimane, ero certo trattarsi della stessa persona che mi aveva già spaventato a morte. Corsi a rifugiarmi dietro la scrivania inseguito dalla sua voce. «Voglio scambiare due parole con lei».

Fughe dal gruppo

L'anno della prima svolta fu il 2001, dopo quasi dieci anni di galera (nel senso francese, ovvero di fatica a remare, non di prigione, per fortuna!). Sempre guardando i bilanci, vedo in quell'anno per la prima volta un bell'utile di oltre 70 milioni di lire che l'anno seguente, con il cambio di valuta, diventarono 35.000 euro, con un fatturato quasi triplicato rispetto a cinque anni prima. Raggiungemmo quota 1,5 milioni di euro. Non male.

Ma nei dieci anni precedenti avevamo tentato più volte la fuga dal gruppo. Quando, nel 1989, crollò il Muro di Berlino e dall'oggi al domani scomparve l'Est europeo così come lo avevamo conosciuto fino ad allora, ci ritrovammo senza i nostri territori di caccia. Più o meno come quando massacrarono tutti i bisonti agli indiani d'America, riducendoli alla fame. Gli scrittori dell'Est che avevamo conosciuto e pubblicato si ritrovarono improvvisamente senza il loro habitat naturale, completamente perduti e confusi nel nuovo assetto politico e sociale. Poco importa se prima avessero amato (in pochi) oppure odiato (in molti) i regimi comunisti. Quello che contava era che prima avevano avuto un ruolo: oppositori, coscienze, profeti, stimoli. Mentre dopo persero semplicemente la loro identità. Nessuno chiese più loro di indicare una via da seguire, perché l'unica che rimase da percorrere fu quella del consumo capitalistico.

Per noi si pose dunque il problema di avviare nuovi progetti. Oltretutto la necessità economica si faceva stringente. Una delle prime idee fu di lanciare una collana di tascabili. Fino a quel momento nessun piccolo editore aveva pubblicato una collana di questo tipo, intesa cioè come ripubblicazione in formato piccolo e a un prezzo ridotto delle novità degli anni precedenti. Esistevano solo gli Oscar Mondadori, la BUR Rizzoli, l'Universale Feltrinelli e poche altre sigle. L'idea me la suggerì Carlo Cherici, il nostro distributore, un amico a cui davo ascolto volentieri. Lui pensava però piuttosto a un'iniziativa che coinvolgesse altri piccoli editori, del tipo di quella tentata molti anni dopo da Beat. Noi invece, per motivi di agilità e di economicità, puntammo solo sui nostri titoli. Era una scommessa difficile, perché non avevamo tante frecce (titoli) al nostro arco. Partimmo con alcuni pezzi forti: *Cassandra*, *Treni strettamente sorvegliati*, *Rondò*, *Due storie praghesi* di Rilke, *Il Minotauro*, *L'amico estraneo*... La collana incontrò un discreto successo, riuscimmo ad aumentare la nostra presenza in libreria e ad allargare il parco dei lettori, portando a casa un po' d'incassi.

Non bastava però. Tentammo una nuova fuga dal gruppo. Questa volta facemmo scattare in avanti mia sorella Linda, scrittrice e sceneggiatrice, alla quale chiedemmo di avviare la collana "Ovest". Ci aprivamo all'Occidente, in particolare a quella lingua inglese che, per simbologia politica e culturale e per motivi pratici, era l'esatto contrario del russo e delle altre lingue dell'Europa orientale da noi frequentate fino ad allora. Linda si mosse con intelligenza e con gusto straordinari. Scelse alcuni grandissimi autori che però, per motivi commerciali o etnici o politici, erano stati poco o nulla pubblicati in Italia (malgrado l'ampia diffusione da noi degli autori di lingua inglese, ieri come oggi). Pubblicammo Thomas Pynchon, Mordecai Richler (più tardi lanciato da Adelphi con *La versione di Barney*), Alice Munro (poi Premio Nobel), Edna O'Brien, Yann Martell (autore anni dopo del super-bestseller *La vita di Pi*), Anita Desai, Maxine Hong Kingston, Joyce Carol Oates e altri. Sergio Vezzali, il nostro grafico di allora, ebbe la bella idea di usare una grafica ispirata al pop di Andy Warhol, che fece risaltare il passaggio dall'Est all'Ovest, sempre però nel solco della qualità. Erano autori "enormi", talmente enormi che i grandi editori ce li presero a uno a uno (con l'aiuto di agenti compiacenti), senza che noi potessimo finanziariamente "difenderli" e mantenerli nel nostro catalogo. Imparammo però la lezione: se ti muovi tra i potenti devi attrezzarti perbene. Intanto però fummo riacciuffati dal gruppo.

Poco male. Altra fuga. Su un altro piano, questa volta. La comunicazione. Nel 1994, in occasione del nostro quindicesimo compleanno, chiedemmo a Grazia Cherchi di darci una mano a festeggiare l'anniversario allargando il nostro raggio d'azione. Grazia era una bellissima persona: intelligente, sferzante, caustica, appassionata, onesta. La chiamavano la zarina delle lettere, perché esercitava un potere di ferro, sia come editor dei migliori autori italiani che come critica letteraria. In mezz'ora, seduti a un bar della semiperiferia milanese, organizzò un piano di battaglia grandioso. Convocò, letteralmente, una dozzina di famosi intellettuali e scrittori e impose loro di presentare la nostra casa editrice in altrettanti incontri in varie città italiane. Nessuno di loro fiatò, anzi si dissero entusiasti del compito assegnato e lo svolsero tutti egregiamente. Fu un bel pieno di attestati di stima, di raccolta di prestigio, di crescita di reputazione. Ma la considerazione delle persone di cultura, per quanto influenti, non è sufficiente a far funzionare un'impresa economica. Altra lezione portata a casa, e di nuovo noi dentro il gruppo.

Nel 1992 avremmo pubblicato uno dei nostri primissimi romanzi italiani, *L'amore molesto* dell'esordiente Elena Ferrante. Era un libro fuori dal comune. Ce ne innamorammo immediatamente, Sandra per prima e io subito a ruota. Poco alla volta, lenti ma inesorabili, i lettori lo scoprirono e crebbero di numero. Parliamo però delle poche migliaia di copie che un piccolo editore era in grado di vendere di un libro di un'esordiente. Tentammo comunque la fuga dal gruppo e Mario Martone scattò con noi. Nel 1995 ne fece un bellissimo film che ampliò ulteriormente il pubblico di Elena Ferrante. Ma non era ancora arrivato il momento giusto e il gruppo degli inseguitori ci riacciuffò di nuovo.

Nel 1996 provammo con Massimo Carlotto e l'idea del Noir Mediterraneo. Ancora sentiamo gli strilli di disapprovazione della piccola ma agguerrita setta dei "cultori dell'Est". «Come osate? Voi che avete pubblicato (gli oscuri) maestri delle letterature slave, adesso vi mettete a pubblicare gialli?! Vergogna! Traditori!». Teniamo conto che all'inizio degli anni Novanta il genere noir (o giallo, o poliziesco) era davvero poco pubblicato in Italia. Quindi lo scandalo aveva una qualche legittimità. Ma a noi non interessava. Ci eravamo guardati intorno con la stessa curiosità con cui eravamo partiti all'esplorazione dell'Est e avevamo scoperto da noi, nell'area mediterranea, degli spazi poco conosciuti, trascurati, dentro i quali alcuni autori-pionieri avevano iniziato a muoversi. Erano gli spazi della marginalità, del crimine, dei traffici, del Male. Una zona che la letteratura aveva indagato fin dai suoi inizi (Bibbia, *Iliade*, Edipo), ma anche negli ultimi due secoli (Dostoevskij, Kafka, Faulkner). A partire dalla prima metà del Ventesimo secolo, l'indagine del Male era divenuta un genere e aveva preso le forme dei romanzi gialli, noir, thriller. Perdendo in parte la propria carica di ricerca sperimentale e adagiandosi spesso nelle facili formule del genere, ma trovando ancora, in tanti autori, degli esploratori capaci di raccontare il lato oscuro dell'animo umano e di sollecitare quindi una riflessione su temi importanti. Non ci sembrò dunque per niente avvilente o conformistico pubblicare i nostri primi romanzi che raccontavano storie criminali, indagini poliziesche, viaggi nei meandri delle menti umane più spaventose. Massimo Carlotto inventò per la nostra casa editrice l'originale personaggio dell'Alligatore, investigatore senza licenza ossessionato dalla verità. Poi pubblicammo le straordinarie storie di Jean-Claude Izzo che, oltre a farci conoscere un'affascinante Marsiglia, mescolava con sapienza romanticismo e crimine.

Era nato il Noir mediterraneo.

I FATTI

Sono stato solo tre o quattro volte in vita mia a Marsiglia e l'ho trovata la città più strana da me visitata. Oltre che in Europa ho viaggiato in Africa, in Asia, in America Latina e ho conosciuto, pur superficialmente, importanti metropoli. Luoghi in cui perdersi inseguendo bellezza o perdizione, o anche solo gli innumerevoli percorsi di chi le abita, ci vive e ci muore, nello splendore o nella miseria. Marsiglia non è enorme, un milione di abitanti più o meno, ma è un porto da sempre. Un porto che guarda all'Africa, ma non solo. È stato il punto di partenza delle avventure coloniali francesi, dei saccheggi e delle scoperte nel Continente nero, ma anche in Oceania e in Asia, per non dire del Mediterraneo. Da lì sono partiti i Comunardi e migliaia di altri deportati per i ba-

gni penali dei Tropici, gli esploratori, i trafficanti, i commercianti fin dall'antichità. E sempre lì sono arrivati milioni di immigrati dal Sud del mondo. Durante il fascismo parecchi nostri connazionali si sono rifugiati a Marsiglia. Tutto questo movimento di destini umani si avverte ancora oggi in alcune parti della città, nonostante i tentativi della borghesia più conformista di cancellarlo attraverso operazioni di rinnovamento urbanistico spesso discutibili.

Jean-Claude Izzo, nato in questa città da padre italiano e madre spagnola, ha profondamente colto il senso di questa storia. Il mare è fatto da sempre per essere navigato e per favorire le scoperte, gli incontri. Per unire e non per dividere. È anche un luogo di bellezza. "Davanti al mare la felicità è un'idea semplice", ha scritto Izzo. Il quale però, come Camus prima di lui, non ha mai separato l'idea di questa bellezza dall'angoscia che può procurare per l'indifferenza che la Natura mostra nei confronti degli uomini. Le sue storie raccontano questa tragedia che ogni giorno costeggia la felicità. Testimoniano la fragilità dell'amore e dell'amicizia di fronte al male. Sono dei romanzi noir non solo e non tanto perché mettono in scena criminali e poliziotti, ma perché indagano sulle parti più oscure dell'animo umano, così come sulla ricerca dell'amore e della solidarietà.

Ho conosciuto poco Jean-Claude. Non perché non avessi voluto, né perché lui non ci avesse cercati. Perché è morto troppo presto. Siamo riusciti a incontrarci solo due volte prima della sua scomparsa. La prima a Torino, quando venne per una breve visita al Salone del Libro. Poi a Roma, dove si fermò alcuni giorni con il suo nuovo amore, in una fugace luna di miele. Era un uomo schivo, con la sigaretta sempre in bocca. Gentile. Chi come noi aveva letto i suoi libri, incluso l'ultimo, dolorosissimo Il sole dei morenti, *indovinava subito nel suo sguardo dolce e dolente una vita tormentata di domande e di passioni. Ci invitò a Marsiglia per trascorrere con lui il Capodanno, ma dovemmo annullare il viaggio poiché il suo male era peggiorato. Morì a inizio gennaio. Sempre nel corso del suo ultimo viaggio a Roma avevamo programmato una grande manifestazione al teatro Argentina, con Andrea Camilleri che voleva presentarlo al pubblico italia-*

no. Anche quella bellissima occasione fu cancellata dalla sua scomparsa.

Sono tornato a Marsiglia senza di lui, sulle tracce dei suoi personaggi e dei suoi racconti. Il Panier, Les Goudes, i tanti bar e ristoranti citati nei romanzi. Li ho visitati tutti e ho cercato il suo fantasma. Ho visto una città splendida, graffiata dalle contraddizioni ma al tempo stesso esaltata da esse. Persone di ogni angolo del mondo, soprattutto del Sud, poveri, maltrattati dalla sorte ma comunque speranzosi, accolti bene o male da questa strana città. Quartieri degradati, topi per strada come non ne avevo mai visti da nessuna parte. Ma anche squarci di bellezza sul mare, sulla costa, nei mercati, nel porto. Marsiglia, la città di Jean-Claude.

L'oscuro oggetto del desiderio

A cavallo del 2000, i libri di Carlotto e Izzo vendevano bene, *L'amore molesto* pure, i tascabili se la cavavano più che decentemente, la collana "Ovest" si faceva notare. Il progetto di diversificazione della casa editrice dava dei frutti e raggiungevamo nuovi lettori con richieste, esigenze e gusti nuovi. Lo sforzo era di mantenere un'identità forte, pur nella diversità di proposte. E il nocciolo di questa identità non era più geografico, risiedeva in un metodo di lavoro: qualsiasi nuovo progetto, qualsiasi territorio da esplorare, dovevano essere studiati con cura. La scelta dei libri da pubblicare andava meditata, dopo aver bene analizzato il contesto, conosciuto il genere o l'area geografica, fatto confronti con il resto della produzione di quei contesti, selezionato, scartato. In qualunque terreno ci fossimo avventurati avremmo dovuto essere i migliori. Molta ambizione? Sì, ma con i piedi ben piantati a terra.

Nel 2001 la nostra ricerca per la collana "Ovest" fu premiata. Un'agente fuori dal coro ci mandò le prime cento pagine di un romanzo che una giovane scrittrice americana stava scrivendo. Le lessi e rimasi folgorato. Feci un'offerta importante, nonostante allora fossimo in forte sofferenza finanziaria. Ci diedero il libro. Era *Amabili resti*, di Alice Sebold. Un romanzo straordinario, unico. Straziante, ma privo di sentimentalismi. Duro e tagliente come una lama. Commovente.

Vendette più di centomila copie. Anche questa volta avevamo scelto bene. Come ebbe occasione di dirmi Bruno Ventavoli, direttore di *Tuttolibri*, traduttore dall'ungherese, scrittore e soprattutto accanito giocatore d'azzardo: al tavolo da gioco l'importante è non puntare su tutti i numeri, come fanno molti editori, ma sceglierne uno e puntare tutto su quello. In questo caso avevamo messo quel po' di soldi che ci restavano su un romanzo che ci era parso magnifico e fummo premiati: per la prima volta, dopo anni di bilanci in rosso, portammo a casa i primi utili consistenti.

È brutto parlare così della letteratura, facendo ricorso a cifre e metafore tanto volgari? Per me no. Per me l'editoria è un gioco. Voglio divertirmi, tenere il fiato sospeso, avere paura, ogni tanto vincere (anche se più spesso mi trovo a perdere). Per me un libro è sacro solo nel senso che regala emozioni e illuminazioni che quasi nessun altro oggetto offre. È sacro perché è come una preghiera, un'aspirazione a trascendere. Ma non ho alcun problema a considerarlo pure una merce, un oggetto di uso quotidiano, uno strumento per ottenere altri piaceri e obiettivi. Anzi, amo i libri proprio per come riescono a cambiare la mente, e la vita stessa.

A circa vent'anni dalla nostra nascita, nel 2002, avevamo infine pubblicato un bestseller, ovvero un libro che per mesi rimase tra i più venduti in Italia. I successi che avevamo raccolto in precedenza erano stati qual di diverso. Il bestseller cambiava davvero i conti dell'azienda e ci regalava una visibilità mai avuta prima, un accesso a un pubblico nuovo e più ampio.

Per la prima volta ci confrontavamo con questo oscuro oggetto del desiderio degli editori. Un libro che non leggono solo gli amici e quella minoranza di lettori che conoscono bene i nomi e i cataloghi delle case editrici, che frequentano regolarmente le librerie e leggono gli inserti culturali dei giornali, che vanno ai festival letterari e seguono le presentazioni. No, un bestseller è tale perché finisce più facilmente nelle mani di chi legge solo due o tre libri l'anno, perché è ben esposto anche nelle cartolibrerie di paese o sugli scaffali dei supermercati, perché ne hanno sentito parlare il tuo portiere di casa o il tuo dentista o il tuo parrucchiere. È un libro che proietta te editore in un mondo nuovo. Uno spazio dove avevo a volte sognato di approdare e che ora volevo esplorare e capire. Com'erano la vita culturale, la lettura, in questo spazio ampio e diverso? Il fatto che il bestseller ti offra un premio economico che prima non avevi mai avuto è importante, ma non è l'aspetto che più m'interessa. Mi piacque l'idea di essere entrato in un nuovo habitat. Cominciammo a chiederci chi fossero questi nuovi lettori che acquistavano il libro. Non solo erano molto più numerosi di prima, ma erano in buona parte diversi. A oggi, diciamolo subito, nessuno ha scoperto chi siano i lettori dei bestseller. Non siamo solo noi di E/O a non averlo capito, ma nemmeno le grandi case editrici che ne pubblicano molti di più e che hanno importanti dipartimenti di marketing delegati proprio a studiare questi fenomeni e a tentare di riprodurli. A mia conoscenza, però, nessuno né in Italia né nel mondo è riuscito a spiegare cos'è un bestseller, come si "costruisce" (già questa è una parola fuorviante), chi lo legge, perché lo legge.

A proposito, la definizione di bestseller cambia da paese a paese, da genere a genere e anche da un periodo all'altro. In linea generale si tratta ovviamente dei libri che hanno venduto più copie in un certo periodo di tempo. In Italia, ad esempio, si entra nelle classifiche dei bestseller (primi dieci o primi venti) se si vendono tra le 5.000 e le 10.000 copie in una settimana. Sempre in Italia, è raro che i libri più venduti raggiungano le 100.000 copie in un anno.

È evidente che, affinché un libro riesca a vendere moltissime più copie della gran parte dei suoi simili, deve essersi verificato un fenomeno – nella sua creazione oppure nel suo lancio – che gli ha fatto superare i confini del mondo dei lettori cosiddetti "forti", dei lettori abituali, per farlo arrivare alle orecchie e nelle mani di un pubblico molto più numeroso e di solito non così interessato alle cose della letteratura. Molti bestseller riescono in realtà a coinvolgere sia i lettori "occasionali" che quelli "forti". Soprattutto i bestseller di cui sto parlando qui sono libri in grado di soddisfare tanto il palato più esigente ed "elitario" quanto quello più "alla buona". (Mi riferisco ad esempio ai nostri bestseller, ma pure ai capolavori citati in un capitolo precedente.)

Sia detto subito per chiarezza: io non credo in alcun modo che il pubblico che non mette la letteratura tra i suoi principali interessi sia civilmente, o moralmente, o culturalmente peggiore delle élite che leggono molto. È semplicemente diverso, compra e legge meno libri ma non per questo è meno intelligente, meno curioso o meno impegnato socialmente.

Un'altra precisazione: non sto parlando qui dei lettori assidui di romanzi di genere (rosa, thriller), che oltretutto in Italia non sono così numerosi. (Il discorso sulla narrativa seriale e "facile" è diverso in America e nei paesi in cui la letteratura è diventata da oltre un secolo un diffuso svago per un'ampia fascia di popolazione alfabetizzata e in cui si è formato, molto tempo prima che da noi, un vasto pubblico abituato a "consumare" prodotti di genere. In Italia, dove il popolo ha iniziato in gran parte a leggere solo nel secondo dopoguerra, i romanzi rosa o i gialli "da stazione" non raggiungono alte tirature.) Qui invece mi riferisco a persone abituate a leggere poco (pure i libri di genere), con rari libri in casa, non inclini a frequentare biblioteche e librerie, ma che ogni tanto (una volta al mese o una volta l'anno, in vacanza o in viaggio o quando sono costretti a casa) "incontrano" un libro e affrontano convinti l'esperienza della lettura. Da questo incontro traggono molto in termini di apertura mentale, emozioni, svago. Non sono abituate però a parlare di libri, di solito non frequentano ambienti dove tutti leggono regolarmente. Il loro consiglio di lettura, quando c'è, è molto semplice: "è un bel libro", "interessante", "mi ha fatto piangere", "l'ho letto di un fiato". Queste persone costituiscono la spina dorsale del passaparola che produce i bestseller. Più alto è il numero di copie vendute, maggiore è la probabilità che sia entrato in gioco questo tipo di lettori. Ovvio, direte voi. Meno ovvio è però il funzionamento di questo fenomeno del passaparola di massa. *Siddharta*, *L'insostenibile leggerezza dell'essere*, *Cent'anni di solitudine*, *Il Gattopardo*, *Il nome della rosa*, *L'amica geniale*, *Harry Potter* – per citare solo alcuni bestseller (poi divenuti anche longseller, ovvero titoli che continuano a vendere per anni o per decenni) – non sarebbero divenuti i "miti" che sono se non fossero arrivati all'esteso bacino dei cosiddetti lettori "deboli". Di cosa sia fatto, come sia stato creato un libro di questo tipo non lo ha mai spiegato nessuno. Resta un mistero. Il suo successo non è riproducibile. (Questo tra l'altro è uno dei limiti alla crescita quantitativa dell'industria editoriale perché, a parte l'evidente constatazione che uno stesso libro non può essere letto più di una o due o cinque volte – al contrario di altri prodotti, come bevande o capi d'abbigliamento, che vengono consumati per centinaia di volte dalle stesse persone –, c'è anche il problema che è molto più difficile nel nostro settore produrre delle "varianti" capaci di replicare il successo del bestseller, laddove in altri settori industriali è generalmente più facile.)

Donare piacere a tante persone è uno dei privilegi dell'essere editori. Se non è vero che il libro più gradito da un maggior numero di lettori sia necessariamente il migliore e neppure il nostro preferito, ricevere il riscontro positivo di tanta gente è una soddisfazione enorme. Ci fa credere che possiamo incidere nella realtà, pungolare se non proprio influenzare il gusto e le idee dei lettori, offrire a molti svago, idee, brividi, turbamenti, moti d'animo. Perché se è vero che il successo di un libro lo decreta il pubblico e che è l'autore a creare l'opera, il merito dell'editore è di aver contribuito a realizzare questo incontro.

I fatti

Gennaio 2011. Io e Sandra siamo seduti in poltrona a casa, in due camere attigue. Solo una porta semiaperta ci separa. Leggiamo ininterrottamente da qualche ora. Silenziosi. Concentrati. Non mi prendo neppure un bicchiere di vino. Sono arrivate le prime sessanta pagine del nuovo romanzo di Elena Ferrante. Si chiama L'amica geniale. *Siamo rapiti. Quasi nello stesso momento alziamo gli occhi dai fogli, spingiamo la porta e ci guardiamo: «E ora? Come facciamo senza il seguito?».*

Andrà avanti così per settimane, poi per mesi. Un pezzo alla volta ci arriverà il romanzo che ci lascerà senza fiato. Dopo alcuni mesi si giunge a un punto di svolta. L'autrice ci chiama. «Io avrei finito la prima parte, ma le protagoniste hanno ancora solo sedici anni. Cosa devo fare?». Restiamo senza parole. «La prima parte?! Ma doveva essere un unico volume. Ci sono già quattrocento pagine». «Dovrò scrivere altri volumi». «Quanti?!» (con gioia malcelata). «Non lo so».

Andiamo avanti così per quattro anni. Ovviamente pubblicando nel frattempo i singoli volumi, man mano che sono finiti. Il processo di correzione con Elena è lunghissimo. Le bozze vanno e vengono, in un ping-pong estenuante. Lei è molto esigente, che non ci siano imprecisioni, contraddizioni temporali, refusi. Ma il piacere continua, per anni. Ogni volta che arrivano le nuove pagine è festa. Viviamo sospesi nell'attesa dei capitoli successivi. Un'esperienza assolutamente nuova. Nulla ci aveva annunciato questo tsunami letterario. Solo una piccola conversazione, molto intensa, avvenuta anni prima tra noi e lei in riva a un lago. Avevamo parlato di famiglie, del posto delle donne nelle famiglie di provenienza e in quelle in cui si entra da sposate. Elena aveva accennato a una festa di matrimonio. Ce la siamo ritrovata nelle ultime pagine della prima parte, anni dopo.

Ancora sul rapporto autore-editore

Roberto Calasso è stato un grande editore per diversi motivi che sono stati ricordati da più parti. Tra le sue caratteristiche c'è quella di aver pubblicato quasi solamente autori non viventi. Questa circostanza, insieme ad altre, gli ha permesso di costruire un catalogo coerente, dove i libri selezionati sono frutto di una sua scelta personale, solida (autori che spesso non riservano sorprese, come a volte capita con i nuovi libri degli autori viventi). Calasso ha "teorizzato" questo suo approccio all'editoria (in *L'impronta dell'editore*) spiegando che a lui interessava presentare un *suo* discorso personale, una *sua* visione portata avanti con libri di altri autori (ovviamente amati). È un po' una versione estrema dell'editoria di progetto, quella in cui l'editore non rinuncia non solo al proprio gusto ma neppure alle proprie idee, e quindi alla costruzione di un catalogo che presenti ai lettori un sovrappiù, oltre alla lista degli autori pubblicati. Un progetto, appunto. (Calasso usa i termini "costellazione", "forma".) È l'approccio tipico di quelli che ho definito editori-soggetto. Certo, Calasso ha spinto molto avanti questa concezione e ciò gli ha consentito, assieme alla sua grande cultura, di creare un catalogo originale e duraturo e di esercitare così un'influenza davvero rara negli ambienti culturali italiani.

Non solo. Il ridottissimo numero di autori viventi – con cui l'editore di solito deve interloquire – gli ha permesso una libertà unica nella scelta delle copertine e delle quarte di copertina (Calasso ha pubblicato anche un libro che contiene alcune sue quarte, cosa che rivela l'importanza da lui attribuita a una presentazione del testo che sia anch'essa sua). Questa libertà va ogni giorno restringendosi per tanti editori che pubblicano autori viventi, i quali chiedono sempre più spesso, soprattutto attraverso i loro agenti, di decidere, o quantomeno di dire la loro, su aspetti importanti della pubblicazione, come appunto le immagini di copertina e le quarte. E questo tipo di atteggiamento, per quanto comprensibile, di fatto erode l'autonomia del progetto editoriale. È l'autore a voler stabilire come il suo libro vada presentato, a voler fornire attraverso la quarta l'interpretazione più "giusta" da dare al lettore, e anche a scegliere l'immagine capace di rappresentare visivamente il contenuto del libro. Succede così che, per pigrizia o per amore del quieto vivere, l'editore si ritragga da tali decisioni e accetti senza discutere le proposte dell'autore. Ciò può portare all'inconsistenza o all'opacità del ruolo dell'editore, alla perdita parziale della progettualità. Estremizzando, un approccio del genere porterebbe ad avere cataloghi editoriali privi di personalità, meri elenchi di titoli con scarsi legami reciproci e dunque con una minore leggibilità (nel senso dell'orientamento) per i lettori.

Nell'*Impronta dell'editore* Calasso racconta perché ha deciso di pubblicare Simenon e in quali forme e modalità, e come queste scelte abbiano portato a un successo delle opere dello scrittore belga di cui non c'è riscontro in altri paesi. Ovviamente Simenon è noto internazionalmente e i suoi libri sono letti da tante persone. Ma quasi solo in Italia l'autore di Maigret (e dei non-Maigret) è divenuto un fenomeno di culto, l'autore asceso dal mondo della lettura popolare a quello della Letteratura, nel Pantheon dei grandissimi. Ciò è avvenuto perché c'è stato un editore (Adelphi) che l'ha presentato in una forma e con parole tali da convincere il proprio pubblico (che mediamente è costituito da lettori di elevata cultura) a leggere questo autore fino ad allora considerato buono per gialli da stazione e per sceneggiati televisivi. "È essenziale – scrive Calasso – che tra editore e lettore si stabilisca un rapporto di complicità [...]. La complicità con persone che non si conoscono può crearsi solo sulla base di loro reiterate esperienze di non-delusione. Ma come si può essere sicuri di non deludere? È praticamente impossibile, se si ha a che fare con una schiera di ignoti, quanto mai disparati, come coloro che possono prendere in mano un libro. È meglio rinunciare. O altrimenti ridursi a una regola minima: pensare che non deluda ciò che almeno non ha deluso noi stessi [...]. E saranno questi non-delusi, con i quali, col tempo, l'editore può stabilire una tacita alleanza".

Nei *Ferri dell'editore* credo di aver scritto che Adelphi, Einaudi e Feltrinelli sono stati i tre modelli editoriali cresciuti negli anni Cinquanta, Sessanta e Settanta a cui abbiamo guardato mentre costruivamo la nostra casa editrice. Di Adelphi, dalla quale apparentemente eravamo più distanti da un punto di vista politico, ma anche per il suo inarrivabile peso culturale e per l'esoterismo e l'elitismo di tante sue scelte editoriali, ci ha sempre attratto la libertà dell'editore, il voler e poter fare dei libri pubblicati non tanto quello che gli pareva (impensabile vista la venerazione che Calasso portava ai testi da lui pubblicati), quanto il porsi nei loro confronti su un piano di *parità*. Per presentare quei libri al suo pubblico (e Adelphi è senz'altro uno degli editori che più ha coltivato e mantenuto un "suo" pubblico fedele), Calasso sostiene la necessità di creare una complicità con il lettore, per ottenere la quale l'editore ha bisogno di essere libero di far emergere la propria personalità attraverso tutti gli strumenti che ha a disposizione (paratesti, copertine, pubblicità, contatti, distribuzione, ecc.).

Anche noi, nel nostro piccolo e con un progetto culturale molto diverso, abbiamo cercato di mantenere questa libertà. Frequentatori piuttosto di vari rami della cultura popolare, molto eclettici nei gusti e negli interessi, distanti dall'erudizione e dal sapere accademico, "sbarazzini" e disinvolti, abbiamo sempre riconosciuto in Adelphi un maestro lontano ma coerente nello spirito di libertà.

Sandra con Ferrante

Se c'è un'autrice molto viva e presente, questa si chiama Elena Ferrante. Per uno strano paradosso la scrittrice "misteriosa" di cui tutti ignorano l'identità, che non si è mai mostrata in pubblico o in fotografia, intrattiene con noi più rapporti professionali (soprattutto con Sandra) di chiunque altro. Il fatto di avere un enorme successo, ma ancor più di non tenere contatti diretti con il suo pubblico, con i librai, con la stampa, fa sì che la nostra attività di "filtro" sia cresciuta esponenzialmente. Non si tratta solo di riferire all'esterno il pensiero e le decisioni di Elena o di accogliere le infinite richieste che le arrivano dai soggetti più vari, ma soprattutto di avere con lei un dialogo costante, un confronto su ogni aspetto del suo lavoro e del nostro.

Questo compito è quasi per intero nelle mani di Sandra. Pubblicare i libri di Elena Ferrante è come avere una casa editrice in più (oltre a quelle italiana, americana e britannica). Sandra parla quasi quotidianamente con lei. Discutono dei libri di Elena – le reazioni del pubblico, le vendite, i progetti futuri –, dei complicati meccanismi di produzione di film tratti dalle sue opere – con gli interventi sulle sceneggiature, i commenti su registi e attrici –, delle richieste di prestigiose istituzioni internazionali per assegnarle un premio oppure ottenere un suo intervento, delle "diplomazie" con la stampa di mezzo mondo, delle cessioni dei diritti per pubblicare i suoi libri all'estero, eccetera eccetera.

Per noi è motivo di grande soddisfazione aver mantenuto vivo e fecondo e cordiale il rapporto con un'autrice di tale carisma e successo. Elena è una persona ragionevole, senza capricci e divismi. Tuttavia la relazione con l'Autore è sempre complessa, altalenante, delicata. Quindi è un grande merito di Sandra e di Elena averla mantenuta a livelli, più che civili, amichevoli.

I fatti

Ovviamente siamo molto dispiaciuti di non poter raccontare le storie, le avventure, i "giochi", che abbiamo vissuto insieme. Il nostro compito è di mantenere il riserbo che Elena ci ha richiesto sin dal primo momento. E abbiamo rispettato l'impegno. Ma ci sarebbero tante cose da riportare che hanno reso questi trent'anni di lavoro comune più che meritevoli di essere vissuti. Ci siamo divertiti, ci siamo arrabbiati, abbiamo esultato e abbiamo affrontato ostacoli. Il bello del lavoro editoriale. Non potendo mettere in scena Elena (la quale ha spesso sofferto di questa sua assenza in occasione di festeggiamenti e premiazioni, e pure in molte altre nelle quali avrebbe naturalmente dovuto essere al centro della scena), riporterò qui alcuni episodi nei quali Sandra e io abbiamo dovuto giocare in assenza della protagonista.

A Francoforte ci sono stati almeno due festeggiamenti memorabili in onore di Elena. Il primo fu un fiasco vergognoso. L'amica geniale *era ormai uscito in vari paesi (perlomeno alcuni volumi) ed Elena era già piuttosto conosciuta e amata. All'epoca utilizzavamo i servizi di un'agente, Clementina, per vendere i diritti all'estero e gestire contratti e rapporti. Incaricammo Clementina di organizzare un piccolo ricevimento all'Hessischer Hof, uno dei due illustri hotel francofortesi destinati a party e festicciole editoriali. Ci muovemmo all'ultimo minuto e nel più assoluto stile understatement di E/O. Non trovammo (o forse non cercammo) una sala libera tra le tante che l'albergo riservava a questo genere d'incontri. Demmo quindi appuntamento al bar dell'hotel verso le 19, ossia all'orario di chiusura della Fiera, quando tutti si riversano ai banconi dei bar per annegare lo stress dentro abbondanti dosi di alcol. Era come dare un appuntamento nella hall della Central Station di New York alla stessa ora. Naturalmente nessuno aveva pensato a preparare bevande e stuzzichini, quindi iniziammo ad acquistare qualche bottiglia di spumante tedesco (a 100 euro e passa) che portavamo al piano inferiore, dove ci eravamo ricavati un angoletto in un buio corridoio. Riuscimmo a recuperare (da quel che ricordo) l'editrice slovena e quella croata, una cinese (mi pare, ma non so se di Taiwan o della Cina grande o della Malesia). Sembrava una festicciola delle medie, quelle snobbate da tutti in cui la festeggiata è sola con un paio di amiche del cuore e un ragazzo brufoloso seduto in un angolo. Alcuni di noi si sedettero per terra, così, per fare un po' festa. Lungo il corridoio sfrecciavano gruppi ilari che si spostavano da un party all'altro e alzavano le sopracciglia quando ci passavano davanti. Chi erano questi sette sfigati che bevevano lo spumante attaccati alla bottiglia (in realtà alcuni di noi avevano il bicchiere)?*

Pochi ci riconoscevano o intuivano che stavamo festeggiando una delle più grandi autrici al mondo.

La volta seguente – dopo tre o quattro anni, e dopo che una colossale Ferrante Fever aveva ormai colpito l'universo – ci prendemmo la rivincita. Invitammo al nostro stand (modesto, in verità, otto metri quadri, ma con davanti un bel corridoio ampio e vista Mondadori) tutta l'editoria mondiale per un brindisi al successo internazionale dell'autrice. Fummo invasi da centinaia di persone che volevano vederci e farsi vedere (dagli altri più che da noi). Non ci facemmo prendere alla sprovvista e rifocillammo tutti ampiamente. Quell'anno Ferrante fu davvero la star della Fiera. Al tavolo di ogni agente si parlava di chi aveva comprato il libro o si cercavano altri nomi di autrici che forse – sussurravano con aria furbescamente timida – sarebbero state le prossime Elena Ferrante. Lei non c'era, e credo che ne fosse molto felice. Però – pensammo – è un vero peccato che non possa godersi nemmeno un po' la propria festa.

In America erano impazziti. Non perché, come continuano stancamente a ripetere alcuni stupidi invidiosi del successo di Ferrante, gli americani sono ingenui e amano la pizza e il mandolino. Tutt'altro. Erano impazziti per la nostra autrice fior di critici, il New York Times, *il*

Washington Post, *la* NPR, *il* New Yorker, *ma anche le riviste femministe e quelle militanti. Erano impazzite le star di Hollywood, le rockstar e persino Michelle Obama. Erano impazziti i librai ed erano impazziti i lettori. Perché in America, al di là dei luoghi comuni, esiste una platea di lettori ampia e preparata in grado da decenni di riconoscere la qualità di un testo letterario e, non sempre ma a volte, di premiarla con un riconoscimento fortissimo.*

Ci furono così le serate alla Harry Potter, con le librerie piene in attesa dell'arrivo della novità (la traduzione della Vita bugiarda degli adulti)*, gli incontri pubblici alla New York Public Library con la bravissima traduttrice Ann Goldstein e con Sandra e Michael. Ci furono collegamenti online con librerie in centinaia di città degli Stati Uniti. Ci furono le prime pagine dei giornali. Il magazine* Time *la incluse tra le cento persone più influenti dell'anno. Finanche la prestigiosa rivista* Foreign Policy *la selezionò tra i cento Global Thinkers del 2014. Elena non poté mai essere presente. Quello che non riuscì a leggere sui giornali o su internet glielo raccontò Sandra. Io, in mezzo a tutte quel-*

le donne, giovani e meno giovani, adoranti, la pensai spesso.

E ci fu l'Istituto italiano di cultura di Londra, una delle rare volte in cui fu pieno d'inglesi. E il red carpet di Venezia, per la presentazione della serie TV *dell'*Amica geniale. *E la sala stracolma al Festival di Mantova con Luisa Muraro e Annarosa Buttarelli. E l'imbarazzante serata finale dello Strega – tutti in ghingheri – al Ninfeo di Valle Giulia trasmessa dalla* RAI, *in cui Elena finì terza. E, più di recente, il premio alla carriera del* Sunday Times *e quello olandese Belle van Zuylen. E lo spettacolare confronto a distanza con Marina Abramović, pubblicato dal* Financial Times. *E le lectiones magistrales per l'Università di Bologna. E tante altre magnifiche occasioni per dialogare a distanza con il suo pubblico.*

Autrice assente eppure presentissima, capace, con la sola forza delle parole, di muovere il mondo.

Dal 2001 all'*Eleganza del riccio* (2006)

Il nuovo millennio inizia dunque bene per E/O. I conti vanno in positivo, i debiti iniziano a scendere. Dopo il successo di *Amabili resti*, crescono le vendite dei libri di Carlotto e di Izzo. Escono *La donna abitata*, *Trilogia sporca dell'Avana*, *Monsieur Ibrahim e i fiori del Corano*, per citare alcuni titoli più fortunati. Nel 2005 avviene una cosa mai vista prima. Per almeno una settimana abbiamo due libri in testa alla classifica dei romanzi italiani: *Nordest* di Carlotto e Videtta e *I giorni dell'abbandono* di Ferrante, di cui esce quell'anno il film di Roberto Faenza. Poi, nel settembre 2007, arriva nelle librerie, improvviso e sconvolgente, l'angelo sterminatore: *L'eleganza del riccio*. Parte con il piede abbastanza leggero: 130.000 copie vendute entro la fine dell'anno. Nel 2008 altre 620.000 copie. Nel 2009 arriviamo a un totale progressivo di quasi un milione di copie. Il libro ci cambia la vita, ripiana i debiti, ci proietta al centro della scena.

Abbiamo raccontato tante volte, io e Sandra, in interviste e incontri con il pubblico, il backstage di questo incredibile successo, cercando di rispondere ogni volta alla domanda più difficile: come avete fatto? Come si scopre un libro così fortunato? Abbiamo ricordato la Fiera di Francoforte dell'ottobre 2006, con la consueta visita allo stand di Gallimard, editore che veneriamo, la solita cordiale chiacchierata con Florence, la giovane donna che vendeva i diritti esteri dell'editore francese all'Italia, le poche, convinte parole con cui lei ci presentò *L'eleganza del riccio*, dentro una rosa di una decina di titoli del prestigioso catalogo; l'immediata reazione di Sandra a sentire quella trama scarna ma originale; la sua rapida lettura tra stanza di albergo e volo di ritorno a Roma; la mia lettura di conferma; l'offerta rapidissima, molto contenuta (in Francia il libro non aveva ancora venduto montagne di copie); l'accordo di Gallimard e di Muriel; poi il lavoro sul libro, sempre più febbrile man mano che arrivavano le notizie del travolgente passaparola francese.

Abbiamo capito subito che era un libro straordinario? Che avrebbe avuto un tale successo? Questo ci hanno domandato per anni tante persone. E forse non è onesto rispondere oggi, con il senno di poi. La risposta più vicina alla verità probabilmente è no. Non potevamo prevedere una simile quantità di copie vendute. Non posso neppure affermare di aver colto immediatamente tutto il potenziale del romanzo. Abbiamo senz'altro apprezzato subito la sua originalità, il suo riuscito miscuglio di filosofia e di mélo, di raffinatezza stilistica e di romanzo popolare, abbiamo capito (più o meno tardi) la sua forza risarcitoria delle persone umili, dimesse, il suo invito a guardare oltre le apparenze. Ma non abbiamo, all'epoca, intuìto la potenza di questo messaggio nella bottiglia spedito dall'autrice al mondo. Non potevamo immaginare quanta gente sarebbe stata toccata profondamente dalle parole e dai personaggi di Muriel. Ci succede sempre. Leggiamo libri che ci tolgono il fiato, teniamo per noi, quasi gelosamente, la sensazione di volare, poi pian piano prendiamo coraggio, guardiamo all'esterno e iniziamo a dire: ehi tu, lì fuori, ho una magnifica notizia per te, ho un libro da consigliarti, meraviglioso... Tante volte però non ci ascolta nessuno. Perché per gli altri il libro non è meraviglioso e lo resta solo per noi? Oppure perché abbiamo gridato con poca convinzione? O con le parole sbagliate? Non lo sappiamo, e forse non lo sapremo, mai.

I fatti

Settembre 2009.

Festival di Mantova. Io e Sandra arriviamo in auto giovedì pomeriggio. Muriel Barbery è arrivata in aereo da Parigi con il suo amico Pierre. Ester li accoglie in albergo e li accompagna all'appuntamento con noi alle 19. Ci incontriamo davanti al baretto principale, quello dove cercano di sedersi gli editori con i loro autori. È strapieno, penso subito a un'alternativa più discreta. Sandra abbraccia Muriel. Presentazioni con Pierre, ufficio stampa di Gallimard. Io resto un po' indietro mentre cerco con gli occhi un tavolino libero nei bar circostanti. Abbraccio Muriel.

«Come sei dimagrita!».

«Sei in forma» fa lei, poi aggiunge guardandomi in fondo agli occhi: «Sei un po' stanco?».

Già si vede, accidenti. Eppure oggi ho solo guidato da Roma a Mantova e le vacanze sono finite da meno di due settimane. È lo stress da relazioni, da mondanità, da rapporti con gli altri.

Indico con la mano un altro bar, mentre provo un sentimento simile all'odio per tutta quella gente – partecipanti al Festival o semplici mantovani – che non combinano felicemente nulla e riempiono i tavolini dei caffè. Non so cosa dire a Muriel. So che non è il momento di insistere sulle questioni private. Balbetto frasi sconnesse.

«Ci sei mancata».

«Anche voi, molto».

«Abbiamo pensato spesso a te... Com'è la casa nuova di Parigi?».

Troviamo un bar defilato con tavoli liberi. Muriel e Pierre tessono lodi di Ester:

«È bravissima, magari avercela da Gallimard...».

«Non sapevo che parlasse così bene il francese. Dove l'hai imparato?» chiedo rivolgendomi prima a tutti e poi a Ester.

«A scuola» risponde, «otto anni a scuola».

«Hai una buona pronuncia».

Organizziamo uno scherzoso scambio internazionale: Ester andrà per un anno da Gallimard e Pierre verrà a Roma, città che adora. Rivolgo a Pierre molte domande sui premi letterari francesi, di cui si occupa in prima persona.

«In Italia i premi fanno schifo. Sono intrallazzi politici» dico e racconto brevemente la nostra disastrosa esperienza con lo Strega. «Quattrocento giurati e solo una cinquantina che leggono al massimo uno o due dei libri in concorso».

«Anche da noi è tutta politica. Ma i giurati sono solo dodici e sono gli stessi per i premi più importanti». A Pierre piace molto questo lavoro di convincere i vecchi giurati della qualità dei propri autori. «Mi piace vincere» dice sorridendo con convinzione. Io lo guardo sorpreso e divertito.

Con Muriel si beccano in continuazione molto affettuosamente.

«Pierre conosce tantissimi autori ma ha solo tre amici fra loro e io sono una di questi» fa lei orgogliosa.

Con lui ci scambiamo notizie sulle rispettive case editrici.

«Abbiamo sedici persone nel nostro ufficio

stampa» racconta Pierre a Sandra ed Ester, stupefatte. «Ma pubblichiamo quaranta libri al mese».

«Ah...» è tutto ciò che esce dalla bocca delle mie due "colleghe", mentre sicuramente stanno pensando che tutta la E/O non arriva neanche a sedici addetti e che pubblica venticinque titoli l'anno, oltre ai diciassette di Europa Editions. Le proporzioni sono rispettate, come pure la mancanza di spazio in cui si lavora nella nostra piccola casa editrice così come nel quarto gruppo editoriale di Francia.

Il ghiaccio si rompe lentamente e io comincio ad assaporare il gusto di questo ardito gemellaggio. Sandra e Muriel chiacchierano fitto.

Passate le 20 ci spostiamo all'Ochina bianca. Dopo anni di frequentazione del Festival l'abbiamo scelto come ristorante preferito di Mantova. L'atmosfera è raccolta, si mangia bene e ci sono i vip dell'editoria. Siamo già più rilassati. Muriel, che ci incita a una gara di bevute, prende solo una birra. Domani ha varie interviste e l'incontro centrale. Sandra non beve, quindi siamo io, Pierre ed Ester a scolarci un merlot e uno shiraz.

«Michael mi ha scritto un'e-mail con il rating dei bevitori della E/O» fa Muriel con malizia. «Il primo è Gianluca con dieci, poi c'è Michael con otto e Sandro con sette».

Punto sul vivo del mio orgoglio di bevitore, replico: «Gianluca? È una sorpresa! È vero che è quello che tira più tardi ma non l'ho mai visto bere così tanto. Quanto a Michael, lo straccio quando voglio...».

Il giorno dopo Muriel mi farà sapere che Michael ha detto di ricordarmi di quella volta a Washington quando, a una certa ora della notte, non avevo la più pallida idea di dove mi trovassi. Muriel ci racconterà anche un aneddoto simpatico sulle comiche conseguenze di una sbornia che si era presa in Giappone. In generale, il tema dell'alcol resterà assai presente nei giorni che trascorreremo assieme. Se Muriel resterà misurata, limitandosi quasi sempre a poche birre, il suo simpatico amico Pierre non si tirerà mai indietro.

«Vi aspetto a Parigi. Dovete venire a cena da me. Voglio presentarvi l'editor di Muriel. È una persona deliziosa e ha una splendida cantina di vini» dice Pierre. Muriel conferma. Lei

ama molto il suo editor Jean-Marie e gli è grata: «Ha un grande gusto per la scrittura, oltre a essere una bella persona».

Nonostante le proteste di Muriel, metà della serata è dedicata al commento del suo libro. Lei annuisce quando Pierre insiste che la forza del romanzo è nella scrittura. Sandra e io, più in linea con i canoni E/O, esitiamo a separare forma e contenuto.

Sandra dice: «Il successo dipende dall'immedesimazione dei lettori con i due personaggi».

La "correggo" leggermente per ragioni diplomatiche. È ovvio che Sandra pensi che il romanzo sia scritto benissimo, ma non vorrei che Muriel pensasse a una lettura riduttiva, attenta solo alla trama. Non è così e intervengo un po' banalmente: «Non ci può essere una grande trama, dei contenuti appassionanti, senza una voce adeguata a esprimerli. Voi francesi date troppo peso alla bella scrittura avulsa dal resto. Il tuo libro è eccezionale perché dei personaggi originali hanno la voce giusta».

«Non trovo che la trama sia originale» risponde Muriel. «Conta la scrittura».

Altro argomento della serata è l'arredamen-

to della nuova casa di Muriel. Sandra e Pierre sono molto interessati. Si parla di un comodino ricavato da un tronco di legno parzialmente artificiale... Parliamo pure di scrittori e di case editrici. Pierre racconta la saga familiare dei Gallimard e di come venticinque anni fa, con la creazione avventurosa di una distribuzione autonoma e poi con la spartizione del patrimonio tra fratelli, la casa editrice si sia trasformata da antico e prestigioso centro di produzione culturale in potente gruppo editoriale. Un certo stile però non è stato tradito: la preminenza del letterario, una speciale libertà data dal prestigio e... un discreto tasso alcolico.

L'indomani, venerdì, è il giorno del grande incontro alle 18 nel cortile del Palazzo Ducale. L'attesa trascorre tra passeggiate, caffè, brevi riposi, chiacchiere.

Muriel sale sul palco. Qualcuno dirà poi che il pubblico era composto da millecinquecento persone. Il giorno dopo La Repubblica *scriverà: "Tutti in coda per la Barbery". Con lei, a presentarla, c'è la giornalista e scrittrice Caterina Soffici. È brava, spiritosa e rompe il ghiaccio. «Non si può chiedere a Barbery questo, non si può chiedere quello. Di cosa parliamo?». Muriel sta al gioco e risponde con humour e fantasia. Non delude i suoi ammirati lettori. Giappone, Francia, bellezza, cibo, eleganza, classi sociali, filosofia, personaggi.*

L'intervistatrice: «Non vuoi dire chi sei, se sei la portiera Renée o la ragazzina Paloma. Allora te lo dico io chi penso che tu sia: tu sei la sorella antipatica di Paloma».

Muriel: «È vero. Quella sono stata io: arrogante, prima della classe, snob. Prima. Poi ho cercato di cambiare e spero di esserci riuscita».

L'intervistatrice: «Le ragioni di questo straordinario successo?».

Muriel: «Non ne ho idea. Con mio marito, che mi ha molto aiutata, pensavamo di non venderne neppure quattromila copie».

Un distinto signore si alza in mezzo al pubblico e dice che lui è cresciuto all'indirizzo del palazzo parigino in cui è ambientato il romanzo e chiede se esiste un motivo per quella localizzazione. «Così abbiamo potuto incontrarci» risponde pronta Muriel. Risate e grandi applausi. L'atmosfera è ottima. Muriel ha insufflato humour e magia.

La fila per gli autografi alla fine dell'incontro è lunghissima. Stefano Salis del Sole 24 Ore *mi dice che è stato il suo incontro preferito.*

Andiamo nuovamente a cena all'Ochina bianca. Siamo in quindici e abbiamo riservato una saletta. Ci sono le traduttrici (pure Alison, quella della versione americana, venuta dalla Svizzera), i due Marchioro, la presentatrice e tutti noi. Leggo il breve discorso che ho preparato: «Devo questo discorso a Muriel da quando ad aprile me lo chiese a New York e io riuscii a balbettare solo poche parole confuse...». Muriel mi abbraccia. La cena è piuttosto rumorosa e naturalmente alla fine faticosa. Fa caldo e siamo in tanti in un ambiente piccolo.

La notte è dei giovani: dopo cena io e Sandra ci ritiriamo, mentre il gruppo della E/O con Muriel e Pierre si fermano a bere al bar della piazza fino alle tre del mattino.

Crescere, crescere...
Fino a dove, fino a quando?

Il successo corrompe? Con la storia che abbiamo alle spalle è una domanda che ci viene subito in mente. La ricerca del bestseller porta inevitabilmente con sé il tarlo della banalità, dello stereotipo, dell'omogeneizzazione? Non lo pensiamo proprio. Da una parte continuiamo a pubblicare libri che hanno poche chances di successo, autori esordienti, temi difficili e così via. Sono la *maggioranza* delle nostre pubblicazioni e possono vedere la luce perché un editore come noi bilancia le sue scelte e permette la nascita di libri con basse tirature sostenendoli con altri più fortunati. Dopo *Amabili resti*, dopo Carlotto, dopo il *Riccio*, proseguiamo la nostra ricerca di testi nuovi senza curarci più di tanto dei possibili esiti commerciali. L'ho già scritto più volte e lo ripeto: pubblichiamo libri che ci piacciono, che vendano o meno. D'altra parte evitiamo anche il pregiudizio opposto, ovvero quello contro i libri di successo. Non pensiamo affatto che vendite importanti siano sinonimo di qualità scadente, di occhiolini al pubblico, di furberia autoriale ed editoriale. Un libro per noi è bello *prima* del riscontro dei lettori. Il loro giudizio non cambia la nostra opinione del libro. Ovviamente il parere di chi legge è fondamentale nel sistema editoriale. Un libro è sempre il frutto dell'incontro tra l'autore e il lettore, dunque ogni libro è diverso per ogni diversa persona che finisce per leggerlo. Proprio per questo, anche per noi editori un'opera ha un proprio valore indipendentemente dal risultato commerciale che consegue. Quel valore, che ciascuno di noi ha il privilegio di poter assegnare, resta l'intatta stella polare del nostro lavoro, così come lo è per ogni lettore.

Ho citato la nostra ammirazione per Adelphi, ma essa ha un limite. Mi pare che in quel caso l'editore abbia perseguito la creazione di un proprio pubblico piuttosto omogeneo nel tempo e nel profilo. Il talento di Calasso è stato quello di scegliere dei libri e di "montarli" in un catalogo coerente, raccogliendo così attorno al marchio un pubblico di lettori con l'obiettivo di "fidelizzarli" (anche se penso che questo termine non gli sarebbe piaciuto), di indirizzarli (nemmeno questo), di accompagnarli. Ma una politica editoriale di questo tipo può portare, se chi la applica ha una visione culturale molto "alta", a costruire una casa editrice che somigli piuttosto a un club elitario. È una scelta assolutamente legittima, ci mancherebbe, ma presenta ai miei occhi il rischio di una certa staticità e rigidità, nel senso che i lettori di quel marchio possono leggere solo quei libri. Libri facilmente identificabili, che gratificano anche i loro possessori. Epperò, per quei non pochi lettori che si accontentano di leggere solo le pubblicazioni di alcuni editori con un'identità "alta" (non penso solo ad Adelphi, ma pure ad altre case dalla linea molto "pura" e "letteraria"), c'è il rischio concreto di restare ingabbiati in un piccolo mondo un po' isolato, prigionieri di un narcisismo culturale asfittico e limitato.

Non dico assolutamente che Adelphi sia questo. Riconosco alla casa editrice il merito enorme di aver portato in Italia autori, tendenze, idee e stili di grande qualità, senza i quali il nostro paese sarebbe più povero. Ma non condivido la scelta di coloro che s'irrigidiscono su definizioni dogmatiche del patrimonio intellettuale e si accontentano di restare all'interno di recinti mentali snobistici ed esclusivi. Non credo che queste persone rendano merito allo spirito d'indipendenza e di originalità di Adelphi.

Un'ultima piccola riflessione sulla linea editoriale di questa casa editrice che tanto ha pesato nella nostra cultura. Negli anni anche Adelphi ha pubblicato dei bestseller. Anzi, come le altre sigle editoriali, è sopravvissuta grazie ad alcuni strepitosi successi: Hermann Hesse, Joseph Roth, Milan Kundera, Mordecai Richler, Georges Simenon, solo per citare alcuni degli autori di maggior successo. La casa editrice è riuscita sempre a presentarli come libri "adatti al lettore Adelphi", opere che potevano essere lette ed esibite senza sminuire l'immagine elitaria che ha di sé un certo pubblico della casa editrice. I bestseller di Adelphi hanno sempre un'aria un po' da lo-svago-che-ogni-tanto-anche-la-persona-di-cultura-si-può-concedere. Non appaiono mai come libri che "non c'entrano" con l'idea che questi lettori hanno di sé. Sono oggetti (nel senso migliore della parola) che non fanno sfigurare, come invece potrebbe accadere con i bestseller di un altro editore – libri, questi, più facilmente riconducibili al genere "libri da spiaggia" o "da ombrellone" o "rosa" o "gialli", tutte categorie guardate con disprezzo da un certo pubblico colto.

Insomma, ricapitolando: se Adelphi è stato un modello straordinario quanto a coerenza e autonomia, quasi l'editore-soggetto per antonomasia di cui scrivevo all'inizio, meno ci è piaciuto il suo profilo di editore elitario.

Tra i modelli editoriali che abbiamo tenuto presenti mentre percorrevamo la nostra strada, i "fratelli maggiori", ossia i grandi editori che ci hanno preceduto negli anni Cinquanta, Sessanta e Settanta – Adelphi, Feltrinelli ed Einaudi –, sono stati piuttosto questi ultimi due il nostro riferimento sulla questione del pubblico. A ispirarci maggiormente sono state l'"indisciplina" di Feltrinelli (che ha spaziato dai manualetti sovversivi al *Gattopardo*, da *Cent'anni di solitudine* a Henry Miller, da Bukowski ad Allende e così via, attraverso una grande varietà di generi e di stili e di target "commerciali"); come pure certi "scostamenti" vertiginosi (per tanti addirittura da far gridare allo scandalo) di Einaudi, dal rigore algido e accecante di biancore delle collane di saggistica o degli Struzzi alle spericolate innovazioni di Stile Libero.

Noi ci riconosciamo senz'altro più in questo eclettismo che accetta e dà il benvenuto all'esistenza di lettori diversi, di tanti segmenti di pubblico con vari gusti e modalità di lettura. Non appariamo, e ci teniamo a non apparire, come un club esclusivo riservato solo alle persone "di cultura". Non abbiamo un pubblico "principale" di soggetti colti, e poi altri pubblici dal palato meno fine ai quali offriamo prodotti "inferiori". I lettori sono tutti alla pari, pure nella loro diversità. A volte saltano lo steccato e si mischiano agli altri. Alcuni libri piaceranno solamente ad alcune persone, altri andranno in mano a gente diversa. La nostra formazione è complessa, fatta di tanti strati e stanze. Ci sono momenti in cui amiamo più lo svago della concentrazione e viceversa. Ascoltiamo il rock, il jazz e la musica classica. Ammiriamo l'arte classica, gli Impressionisti e la pittura astratta. Si chiama eclettismo, e in sé l'eclettismo non è né un bene né un male.

Certo: il rischio di non essere riconosciuti come portatori di un progetto e di una "forma" è maggiore che se pubblicassimo libri dalle copertine tutte uguali e soprattutto dai contenuti e dagli stili più omogenei. Spesso abbiamo bisogno di impegnarci più di altri per convincere librai e lettori e giornalisti che dietro alle nostre scelte c'è un progetto, che i singoli libri sono diversi tra loro ma vengono selezionati dalle stesse persone secondo un gusto e un'idea non meno rigorosi di quelli di colleghi che hanno un'identità immediatamente riconoscibile. Non c'è casualità nei titoli pubblicati, né nel modo con cui li pubblichiamo. La coerenza sta nella qualità, nell'originalità, nel coraggio delle scelte. Se pubblichiamo un fantasy, dev'essere uno dei migliori in circolazione. Lo stesso per i noir e per i thriller. Nella letteratura francese – solo per fare un esempio – pubblichiamo libri molto diversi tra loro (ad esempio, nel 2021, *Tre* di Valérie Perrin, *Il Banchetto annuale della Confraternita dei becchini* di Mathias Enard, *Una rosa sola* di Muriel Barbery, *Non si tocca* di Ketty Rouf, *Suiza* di Bénédicte Belpois, *Caldo* di Victor Jestin, *Tutto ciò che è sulla terra morirà* di Michel Bussi, e altri ancora). Ebbene, sono tutte opere che amiamo e per le quali speriamo di trovare dei lettori italiani, opere che raccontano mondi ed esperienze diverse in stili differenti. Ma chi li leggesse, o anche solo li sfogliasse, potrebbe trovare un filo rosso di ricerca, una storia di piacere e di scoperta. Poi, ovviamente, sta ai lettori riconoscere o meno questa coerenza che dichiariamo.

Quindi sì, crescere. Non tanto per volontà di potenza e per spirito di competizione (c'è anche un po' di questo), ma per esplorare, per aprire nuovi territori alla lettura, per offrire ai lettori voci e storie nuove. Per incontrare nuovi pubblici, quelli di lingua inglese ad esempio, e creare così quei ponti di cui abbiamo tanto bisogno per respingere le chiusure nazionalistiche e i razzismi.

Voglio l’America

Il primo taccuino conservato (ne ho una collezione, uno per ogni viaggio e altri per storie diverse) dei miei viaggi in America è del 2004. In copertina c’è un adesivo: “Amend the Patriot Act”, lo slogan che si usava contro la legge anti-terrorismo (ossia anti-islamici, anti-immigrati) in vigore dopo l’attentato alle Torri gemelle del 2001. Me lo diede qualcuno alla Fiera del libro di Chicago e io subito lo incollai sulla mia agendina. Avevo le idee chiare. Ero in America per aiutare a costruire ponti, non per fomentare divisioni. 2 giugno ore 3 pm – c’è scritto – viene a prendermi all’aeroporto lo scrittore Daniel Buckman, di cui avremmo pubblicato in Italia un romanzo sulla sua famiglia di militari in guerra dalla Corea all’Iraq, via Vietnam. Nel taccuino sono poi segnati vari ap-

puntamenti: il giovane editore di sinistra Johnny Temple, membro anche di una nota rock band; il mio amico Victor (era il suo nome di battaglia, ora è tornato a chiamarsi Jesús Anaya), direttore di una casa editrice messicana; diversi distributori USA; *Henry Dunow, l'allora agente di Alice Sebold; Elena Philips, la direttrice dell'Istituto per il Commercio estero di Chicago; e pochi altri nomi. È tutto quello che ho per aprire una casa editrice in America.*

Chicago mi abbaglia. È bellissima, più americana di New York. La sera vado da solo in un enorme locale dove si beve e si balla. Mi pare che la gente sia carica a mille. Cantano e danzano. Rimango stordito. Il lungolago è affascinante e sogno di tornare nel mio paese, che è quello, anche quello (sono nato a New York da madre americana. I miei nonni fecero il viaggio in nave dall'Abruzzo a Boston nel 1920). In fiera incontro editori e distributori e li assedio con domande ingenue: c'è spazio per i libri in traduzione? Quale percentuale va ai librai e quanto resta all'editore? Quali sono le tirature medie? Mi conviene rivolgermi a un distributore di nicchia o puntare subito più in alto?

*Nel taccuino vedo appuntate le mie osservazioni: fare solo libri straordinari, iniziare con un autore famoso. Intanto però sono assorbito da un problema pratico: ho un'unghia incarnita, mai avuta prima, un male cane. Elena Philips dell'*ICE *è un tesoro, mi consiglia un chirurgo del piede che potrà asportarmela anche nel weekend. Il suo ambulatorio si trova a un'ora e mezza dalla Fiera, in un quartiere completamente ucraino. Mi toglie l'unghia e sono felice. Basta poco per amare Chicago. So anche che la ricorrenza del 1° Maggio viene da uno scontro tra polizia e lavoratori anarchici in Haymarket Square nel 1886. So di Al Capone. Ho letto* La giungla *di Upton Sinclair sui mattatoi della città e i romanzi dell'amato Nelson Algren sui marginali e i bassifondi della metropoli. Ma Chicago mi pare una promessa, come tutta l'America.*

Il 7 giugno vado a New York dove Sandra mi raggiunge dall'Italia. Il 14 incontriamo John Casey, uno scrittore che abbiamo pubblicato con E/O, al quale raccontiamo il nostro progetto americano. John telefona a un suo amico agente che, a sua volta, ci procura un appunta-

mento per l'indomani con un suo amico che ha da poco lasciato la sua casa editrice e che forse sarebbe interessato a un nuovo progetto. Lo incontriamo in un caffè del West Village alle 2 pm, poche ore prima del nostro volo per Roma. Kent Carroll, così si chiama, ha una lunga esperienza, ha avuto una sua casa editrice che ha ottenuto un buon successo. È un signore di una certa età, molto distinto con il suo foulard e il cappello di paglia. È americano al 100% ma ha una passione irrefrenabile per la Gran Bretagna e cerca in ogni modo di far risaltare un suo côté british. Prima ha lavorato con Barnet, l'editore di Grove, pubblicando autori europei quali Beckett e Jean Genet. L'incontro con lui è un colpo di fortuna. In appena trenta minuti abbiamo trovato il nostro uomo in America. Kent si appassiona al progetto e dice subito sì. Sono passate meno di due settimane dal mio primo sbarco negli USA.

Novembre 2004: torno in America. Parlo a lungo con Kent, vedo commercialista e avvocato. Il proprietario del distributore Consortium m'invita a cena in un lussuoso ristorante di pesce. Incontro Jonathan Galassi di Farrar,

Straus and Giroux, un giornalista del New Yorker, *la responsabile dell'Istituto italiano di cultura Renata Sperandio. Nel gennaio del 2005 sbarco di nuovo negli Stati Uniti, in un posto freddissimo, il Minnesota. Via Newark atterro a Minneapolis sabato 29 gennaio alle 20:02. La mattina dopo, incredulo, vado a sincerarmi della temperatura polare con una passeggiata veloce in città. Resto all'esterno solo pochi minuti e approfitto delle gallerie e dei sottopassi. Il lunedì abbiamo appuntamento con Consortium, forse il distributore più grande tra quelli che lavorano con la miriade di piccoli editori americani.*

L'anno seguente lavoriamo molto a distanza. Nel giugno 2005 torno a New York. C'è la fiera del libro ma soprattutto vedo distributori, agenti, commercialisti, editori americani e italiani (Contrasto e Moleskine) per possibili collaborazioni. In città ci sono anche i nostri distributori Marisa e Sergio Marchioro e gli editori italiani Marco Cassini e Daniele Di Gennaro di Minimum Fax. Intanto Consortium è diventato il nostro distributore e abbiamo trovato uno spazio in un ufficio vicino a Union

Square (amata!) con un avvocato russo pazzo. Siamo a 116 East 16th street e l'adoro. Mesi prima, quando ancora non avevamo un ufficio, a una giornalista che mi chiedeva dove eravamo a New York avevo risposto: a Bleecker Street, pensando a una canzone di Bob Dylan.

Sono felice: amo New York, amo la metro, amo che sia il posto dov'è cresciuta mia madre, vado con il subway fino a 220th street al Bronx, dove lei è cresciuta, amo la Union Square delle manifestazioni, amo The Strand, amo i grattacieli, gli hot dog, amo tutto (a parte quello che odio). Sono pronto per lanciare una casa editrice americana. Attorno a me tutti dicono che siamo pazzi.

A novembre sono di nuovo in America. Ci prepariamo per l'uscita dei primi libri, prevista per l'autunno 2006. In programma The Days of Abandonment *by Elena Ferrante,* Cooking with Fernet Branca *by James Hamilton-Paterson,* The Minotaur *by Benjamin Tammuz,* Old Filth *by Jane Gardam: quattro perle dal mondo per i nostri amici statunitensi e canadesi. Dobbiamo dare subito una chiara dimostrazio-*

ne del nostro progetto, con il mix di autori tradotti e di quelli di lingua inglese, con una narrativa ricca di nuovi contenuti e di voci autoriali prestigiose, evitando le trappole delle nicchie e della "cultura da film d'essai", puntando a un pubblico non di soli esterofili o amanti di cervellotici esotismi. Non siamo qui per restare confinati nelle librerie e negli spazi culturali d'élite di New York, Boston o San Francisco. Vogliamo arrivare al cuore dell'America, nel vasto spazio tra East Coast e California. I nostri libri possono essere letti da tutti gli appassionati della lettura.

Il progetto grafico è un altro nodo complicato. Vogliamo dichiarare alta e forte la nostra identità anche dal punto di vista dell'immagine e dello stile. Aspra battaglia, dunque, con tutti quelli (i commerciali ma non solo) che vorrebbero mettere le briglie al nostro progetto, deformandolo con una serie di standard, regole, usi dell'editoria americana. Tra i quali ci sono ad esempio: niente nome dell'editore in copertina, evitare un look troppo europeo, eccetera. Teniamo duro e convinciamo anche Kent. Serie interminabile di lunch (molto newyorkesi; noi a Roma non li facciamo mai e andiamo a mangiare a casa) per conoscere questo o quello. (Ho qualche difficoltà con la lingua inglese, soprattutto quando gli interlocutori sono più d'uno e parlano tra loro. Fingo quasi sempre di aver compreso tutto, anche se spesso mi sfuggono le battute di spirito e i tecnicismi. Raramente chiedo di ripetere. Stringo i denti e cerco di cogliere l'essenziale.) Capisco che a New York questa fitta conversazione è la normalità della vita editoriale e che anche per me diventerà una consuetudine. Mi piace però soprattutto andarmene in giro per i fatti miei, senza meta, guardando la gente, i negozi, entrando nelle librerie, esplorando la città scatenata nella quotidiana corsa al fare. Le idee mi vengono così, forse più che parlando con il popolo dell'editoria (ma incontro anche traduttori, autori, grafici, giornalisti). Lascio che la città mi entri nella pelle, dove avverranno o non avverranno le alchimie necessarie a sviluppare l'attività. Qualcosa mi spinge al di fuori di Manhattan, sento che una forza oscura mi fa attraversare i ponti: il Brooklyn Bridge, il Manhattan, il Williamsburg, e mi attira a Brooklyn. Il quartiere è gigantesco e lo percorro a piedi per chilometri, attraversando zone da poco gentrificate, enclave di immigrati da ogni angolo del pianeta, strade ancora poco sicure, aree industriali. Avverto che questo è il polmone non solo della metropoli ma di tutta l'America. Ci sono, negli Stati Uniti, distretti più produttivi e tecnologicamente avanzati di Brooklyn, ma qui c'è sedimentata la storia della forza americana, della gente arrivata da tutto il mondo. Ogni persona che incrocio ha alle spalle una storia pazzesca. Forse è questo, piuttosto che la prossimità con Manhattan, il motivo per cui tanti scrittori hanno vissuto e vivono a Brooklyn. Uno per tutti, impresso nella mia mente, il protagonista della Scelta di Sophie *di William Styron, giovane aspirante autore giunto da uno stato del Sud, che conosce e s'innamora di una sopravvissuta a un campo di sterminio polacco, una donna con una storia torbida e tragica che nasconde dentro di sé. Vado alla ricerca di quella casa, senza alcun indizio, e cerco tra i brownstone o tra le case di legno il luogo magico dove avvenne quello sconvolgente incon-*

tro, dove il giovane, innocente americano perse la propria verginità morale scontrandosi con l'oscurità del Male venuto dalla Vecchia Europa.

*Quando, dopo i primi anni in cui abbiamo trascorso le nostre notti newyorkesi nei bed & breakfast, negli hotel, ospiti da mia cugina Diane e dall'amico George, cercheremo un appartamento per i nostri frequenti soggiorni, senza ombra di dubbio sarà Brooklyn la meta designata. Non solo per il costo più contenuto e la relativa vicinanza (grazie subway!) a Manhattan, ma per ragioni sentimentali ed estetiche. E quando la fortuna ci arriderà e avremo il nostro primo bestseller americano (*The Elegance of the Hedgehog *di Muriel Barbery), diventeremo i felici proprietari di un piccolo appartamento affacciato sull'East River, a due passi dai Naval Yards nei quali venne costruita mezza flotta* USA *nella Seconda guerra mondiale, e dove ora vive una foltissima comunità di ebrei ortodossi.*

Se le vicende di avvio dell'impresa in terra americana furono incerte e avventurose, non meno garibaldina fu l'attività per Europa Edi-

tions svolta in Italia. Il nome ci apparve subito imprescindibile per l'onestà con cui dichiarava la nostra origine. Nel 2004, quando lanciammo l'iniziativa, le nostre finanze, pur migliorate negli anni più recenti, erano ancora piuttosto disastrate. Il dono del Riccio *non era ancora arrivato. Ricorremmo dunque a un finanziamento a tasso agevolato della Simest, una società del ministero delle Finanze specializzata nell'aiuto alle aziende italiane che investono all'estero. Il consiglio e la guida ci vennero da Lorenzo Lener, un giovane economista amico della casa editrice. Senza quel prestito difficilmente ce l'avremmo fatta. Ci furono poi due collaboratori che lavorarono all'impresa fin dai primi tempi, due stranieri approdati in Italia per amore. Karin, olandese poliglotta guascona quanto noi, la conoscemmo perché ci scrisse una formidabile lettera in cui raccontava di come aveva seguito il suo moroso nelle Marche e di quanto avrebbe voluto partecipare a un progetto come il nostro, progetto che le sembrava folle quasi quanto lei stessa pensava di essere. Pure Michael, australiano, era sbarcato in Italia seguendo il richiamo del cuore e viveva a Roma da qualche anno. Lo incontrai in circostanze degne del nostro stile e delle nostre idee. Mi diede appuntamento in un locale "alternativo" (praticamente una caverna), dove si esibiva come performer (cantante? poeta?): declamava versi strisciando sul pavimento accompagnato da un musicista. Non vidi molto perché lui era vestito tutto di nero e il locale era immerso nell'oscurità. Intuii che poteva essere, una volta redento, l'uomo giusto per la nostra impresa oltreoceano. Anni dopo si trasferì con la famiglia a New York, dove ancora oggi dirige Europa Editions.*

Sempre a Roma avvenne l'incontro fatale con Patrick Nolan. Era allora il giovane direttore commerciale di Penguin e visitava il nostro ufficio di via Camozzi con una delegazione di editori stranieri invitati da Più Libri Più Liberi, la fiera della piccola e media editoria che si svolge a Roma ogni anno. Patrick colse al volo le opportunità che si aprivano nel mercato americano per Europa Editions. Penguin non promuoveva né distribuiva altri editori, ma lui iniziò un lavoro di convincimento con i suoi capi perché facessero un'eccezione e accet-

tassero di rappresentarci negli USA *e in Canada. Per noi sarebbe stata una grande occasione. Non eravamo del tutto scontenti di Consortium, il nostro distributore degli inizi, ma la potenza di fuoco di Penguin era molto diversa, inoltre il controllo di Consortium stava per passare a un altro distributore medio la cui strategia non ci era del tutto chiara. In più Patrick ci sembrò bravissimo e in effetti ci fece fare un bel balzo in avanti.*

Una polemica amichevole con Goffredo Fofi

L'intellettuale italiano che più ho apprezzato, fin dalla nascita della casa editrice, è stato Goffredo Fofi. Abbiamo collaborato a tanti progetti, ci ha consigliato libri e facilitato contatti. Soprattutto, parlo per me personalmente, è stato un modello di coerenza e di creatività culturale senza eguali in Italia. Goffredo ha una riserva inesauribile di storie da raccontare, aneddoti su personaggi della letteratura e della politica, libri e film e opere teatrali, esperienze di militanza. Di lui m'interessano le storie più delle idee. Dall'infanzia e adolescenza contadina e proletaria alla militanza con Danilo Dolci in Sicilia, a quella nella Mensa dei bambini proletari a Napoli, all'emigrazione in Francia, alla frequentazione cinefila di *Positif*, alle esperienze e agli incontri torinesi, alle amicizie e alle conoscenze con personaggi straordinari come Aldo Capitini, Fabrizia Ramondino, Elsa Morante, Luis Buñuel, Raniero Panzieri, Carmelo Bene, Ada Gobetti, Federico Fellini... Ha creato riviste, ha formato giovani intellettuali di valore, ha operato nel sociale, ha fatto conoscere in Italia autori da tutto il mondo.

Abbiamo spesso litigato, anzi lui ci ha spesso "scomunicati" e a volte insultati malamente. Ci siamo ritrovati sempre. Siamo molto diversi. Intanto, ovviamente, ho una cultura di gran lunga inferiore alla sua, e anche un bagaglio meno ricco di esperienze. Sulla memoria, poi, non c'è gara: quella di Goffredo è prodigiosa.

Sui libri ci troviamo spesso in disaccordo. Non è una questione di gusti, piuttosto di scopi e funzioni. A cosa deve servire un libro o un film? Per Goffredo a battere nuove strade, inventare nuovi linguaggi, mettersi alla prova, migliorarsi. Io sono meno esigente. Però capisco la sua posizione. Un'opera non può essere solo un divertimento, una consolazione. Deve spingerci verso nuovi territori, invitarci a esplorare, correre dei rischi, mettere a repentaglio i nostri privilegi. Non è facile. Io ci riesco solo qualche volta. Goffredo invece ha un coraggio da leone.

Ho letto un testo che ha scritto sulla necessità del cinema militante. Addirittura, con tipico atteggiamento goffrediano di provocazione, ha sostenuto che è l'unico tipo di cinema che oggi resta valido. Per il resto i film sono morti e le serie che ci propinano in TV sono "comunicazione", non arte. Ma la parte più interessante del suo discorso è quando spiega come, nella storia, il cinema abbia inventato degli stili e cambiato il mondo. Il cinema sovietico degli anni Venti, prima dell'involuzione staliniana, fu una fucina di nuovi linguaggi. La società stava cambiando e i cineasti cercarono nuovi modi di raccontare il cambiamento. Successe anche in Francia negli anni Sessanta e altrove durante periodi di trasformazioni politiche e sociali. Per chi crede che l'arte debba anticipare o accompagnare le riforme e le rivoluzioni, ma più in generale l'anelito a migliorare il mondo, la sperimentazione di nuovi linguaggi è dunque irrinunciabile. Sono d'accordo. Però, tornando alla letteratura, un libro non dev'essere necessariamente difficile o illeggibile per offrire al lettore uno sguardo nuovo sulla vita. Ci sono romanzi chiari, lineari, letti da milioni di persone, che sono capaci d'insegnarci a guardare il mondo con occhi nuovi. Gli stereotipi, la banalità, non vivono solo dentro le opere che si annunciano come consolatorie e facilmente consumabili, ma si nascondono anche dentro tanti libri pretenziosi, opere apparentemente prodotte a uso di un pubblico colto e raffinato. Proprio Goffredo mi raccontava di due registi russi degli anni Venti (di cui non ricordo il nome), i quali una volta dissero: «Tra come si muovono le mani di Eleonora Duse e come muove il culo Charlie Chaplin optiamo di sicuro per quest'ultimo». In effetti lo sculettare di Charlot ha fatto ridere e commuovere le platee del mondo intero. Un'arte popolare e al tempo stesso sublime. Succede raramente, ma capita. Ed è proprio Goffredo che mi diceva che lo facevano arrabbiare i coltissimi cinefili francesi quando ridevano forzatamente alle espressioni facciali di Buster Keaton (pur eccelse), sostenendo che fosse superiore a Chaplin. Io amo Buster Keaton, e tante espressioni artistiche "difficili", erudite. Ma amo altrettanto, se non di più, Chaplin e molti romanzi popolari, libri che hanno commosso, divertito, interrogato milioni di lettori nel mondo.

Sto leggendo *Furore* di John Steinbeck, in inglese. È zeppo di espressioni gergali sgrammaticate (il linguaggio dei protagonisti, braccianti americani degli anni Trenta). I dialoghi hanno tutti questa forma. Ci sono poi, alternati, capitoli d'impianto modernista (si sente Dos Passos) dove, ad esempio, viene narrata l'espulsione degli affittuari agricoli dai campi e dalle case a opera delle banche e altre grandi aziende per imporre metodi di coltivazione estensiva più redditizi. Qui Steinbeck usa un linguaggio totalmente diverso, freddo, analitico, che rende a meraviglia lo spossessamento dei vecchi contadini e l'introduzione di un'economia compiutamente capitalistica. In un altro capitolo, per raccontare il diffondersi del mercato dell'auto, trasformatasi da oggetto di lusso in pilastro del consumo di massa, fa parlare i venditori e i concessionari con un gergo "commerciale", accattivante (per i clienti) e insieme volgare e spietato (vendere, vendere, vendere, a qualsiasi costo, con qualsiasi trucco...).

Tutto ciò fa di *Furore* un modello di narrativa modernista e sperimentale, un laboratorio di linguaggi inediti per raccontare un mondo che nasce (e uno che muore). Eppure *Furore* è al tempo stesso un romanzo appassionante. Ci s'immedesima nei personaggi (ahi! Peccato capitale per i "puristi"), si segue la storia con i nervi tesi, si piange (oddio, vergogna!). È un romanzo popolare, un bestseller e anche un longseller. È facile? È complesso? Difficile da dire e neppure molto importante, alla fin fine. Ciò che conta è che molti lettori possano leggerlo con piacere, con passione; mentre al tempo stesso imparano, capiscono meccanismi ed eventi cruciali del nostro mondo.

Tutto qui, caro Goffredo, e sono convinto che sarai d'accordo. Quindi lasciaci pubblicare romanzi che noi pensiamo abbiano queste caratteristiche. Alcuni più, altri meno, ma tutti un po'. Questi sono i libri che vogliamo pubblicare. Se poi ogni tanto (ma più spesso di quanto si pensi) ci capita di dare alle stampe un libro con poche o nulle gratificazioni per i lettori, e invece parecchie sperimentazioni, provocazioni e messe alla prova, beh... tanto meglio.

Passaggio di consegne

La sfida più difficile forse è l'ultima. Sandra e io abbiamo costruito un'impresa culturale che ci somiglia e abbiamo avuto la fortuna e la soddisfazione di vederla ancora in piedi e in salute dopo tanti anni. Ora è arrivato il momento di lasciarla nelle mani di nostra figlia Eva e dei giovani collaboratori della casa editrice. È così, fa parte della vita. Siamo stanchi, non abbiamo più le grandi energie necessarie a navigare in direzione di nuovi obiettivi. Facciamo fatica a capire e a condividere i gusti e le pratiche delle nuove generazioni. Social, audiolibri, influencer, nuovi stili e interessi, new technology, mentalità… Non riusciamo a stare al passo, e forse nemmeno c'interessa più di tanto. Abbiamo fatto la nostra vita e siamo vissuti in un mondo che sta sparendo. Forse è un bene, non lo sappiamo. Nel corso degli anni ci siamo trasformati tante volte, ma non si può farlo per sempre. Alcuni libri che pubblichiamo, spesso anche con successo, non li capiamo più, non ci emozionano. Certe procedure di lavoro, certi comportamenti in uso oggi, ci sembrano distanti. Ai tempi nostri facevamo tante cose in un altro modo. È normale.

Cosa passiamo, cosa trasmettiamo quindi a nostra figlia e ai ragazzi che lavorano in e con E/O? Qual è il nocciolo duro da salvare, in questo passaggio di consegne? E perché dovremmo comunque tramandare dei contenuti e degli stili di un altro tempo? Solo per dare un senso alle nostre esistenze quando si avvicina la loro fine? È solo questo istinto umano di conservazione che ci spinge a salvare qualcosa della nostra opera, oppure crediamo davvero che sia utile lasciare al futuro le tracce di qualcosa di buono che è stato fatto in passato? Ciascuno ha una risposta personale a queste domande. La nostra è probabilmente diversa da quella di tanti giovani. Ma, da che mondo è mondo, i passaggi di consegne avvengono così, in un lento ed estenuante confronto-scontro tra il vecchio e il nuovo. Pure le trasformazioni più cruente e rapide non sono altro che una fase minore all'interno di processi lunghi e complicati.

Eva, nostra figlia, ha vissuto fin da piccola dentro la casa editrice. Ma solo alcuni anni fa ha scelto di dedicarvisi pienamente. Ha il temperamento della comandante, lo sguardo ampio e lucido sulla realtà, la passione dell'esploratrice. Con queste qualità è entrata in gioco con grande determinazione. Ha i suoi gusti, i suoi interessi, le sue idee, le sue relazioni, che spesso sono diversi dai nostri. Le piacciono le letterature asiatiche, opere con problematiche e atmosfere della sua generazione, certi generi come il fantasy e la nuova fantascienza, non ama il marketing ma gli riconosce un posto importante in azienda, tende a essere più organizzata di noi, meno anarchica e più razionale, a trent'anni ha già assunto vari collaboratori con i quali lavora bene, ha idee sue sulla grafica. Di fatto sta creando una nuova impresa editoriale dentro la vecchia. Ma quest'ultima non sparisce, non può sparire, dall'oggi al domani. Ci sono autori "storici" (che Eva spesso ama quanto noi) i quali costituiscono il DNA della casa editrice. Ma anche stili di lavoro, rapporti professionali e umani, che fanno sì che E/O sia conosciuta nel mondo con un'identità inequivocabile.

Queste due realtà – la "nuova" e la "vecchia" E/O – convivono necessariamente, e spesso non l'una all'interno di Eva e dei giovani collaboratori e l'altra impersonata da Sandra, da me e dai nostri compagni di lavoro più "grandi". No, spesso le due forze si confrontano e si scontrano dentro ciascuno di noi, indipendentemente dalla generazione di cui si fa parte.

Proviamo un grande piacere quando Eva dichiara il suo amore per un autore e un libro che noi amiamo da molto tempo; o quando, nel suo stile personale e con metodi nuovi, riconosciamo l'impronta di una condotta e di una personalità che abbiamo costruito nel corso di decenni. E ancora, quando due giovani collaboratrici creano via social un gruppo di lettura dedicato a Christa Wolf (autrice della Germania dell'Est degli anni Sessanta-Novanta); o quando tutti i nostri collaboratori (un gruppo molto giovane) amano i libri che abbiamo scelto e che scegliamo (con le loro preferenze e i loro dissensi, certo), e lavorano con l'impegno e la passione che sono stati nostri da sempre. Il confronto tra il vecchio e il nuovo si ripresenta ogni giorno, in ogni compito svolto. L'esito è sempre incerto.

Questo cambiamento siamo stati noi – Sandra e io – i primi a volerlo. Andando in America; sostenendo la permanenza a Torino del Salone del Libro contro il tentativo di trasferirlo a Milano; appoggiando le librerie fisiche contro lo strapotere di Amazon; avviando una collaborazione fruttuosissima con Enrico Quaglia e la sua squadra di NW, che ci ha rafforzati sul piano commerciale e strategico; incoraggiando la pubblicazione di nuovi autori e generi; accogliendo molti giovani nella nostra compagine.

Con il passare dei giorni, Sandra e io vediamo allontanarsi lentamente la nave che abbiamo costruito e impariamo a distinguere le fattezze e il profilo della nuova impresa. È un processo doloroso (anche per i giovani), ma vitale.

Quando fondammo la casa editrice, nel 1979, Amazon non esisteva, la Grande distribuzione (supermercati) aveva ancora una quota minima del mercato, c'erano molte più librerie di oggi. La durata di vita dei libri nei punti vendita era molto più lunga, le rese meno frequenti. Ogni anno veniva pubblicato un numero di novità molto inferiore a quello di adesso. La concorrenza era meno forte e la sopravvivenza delle case editrici e delle librerie era, tutto sommato, più agevole. In Italia esisteva praticamente un solo agente letterario, Erich Linder, ed era quindi più facile per le case editrici gestire il rapporto con gli scrittori e continuare a ospitarli nel proprio catalogo, senza tutti i cambiamenti di casacca che oggi sono divenuti molto frequenti e che spesso rendono difficile per l'editore sviluppare un lavoro di crescita degli autori negli anni. L'accesso al mercato, per i libri anche di un piccolo editore, era più agevole di oggi; le catene librarie legate ai gruppi editoriali erano meno numerose e meno forti; agli editori non veniva richiesto di pagare per essere esposti con una buona visibilità in libreria, come invece avviene oggi nelle principali catene. Era dunque, tutto sommato, più facile rischiare con autori esordienti e nuovi generi.

In E/O approfittammo di questi vantaggi relativi per pubblicare e portare in Italia per la prima volta decine e centinaia di autori dell'Europa dell'Est. Oggi sarebbe molto più difficile.

Non esisteva la posta elettronica e neppure i cellulari: per comunicare con i nostri autori e con gli editori dell'Europa dell'Est utilizzavamo la posta tradizionale, e così ci volevano settimane per arrivare, ad esempio, a firmare un contratto. In alternativa viaggiavamo, oltrepassavamo la Cortina di ferro.

Per molti versi il lavoro era più affascinante. Sicuramente meno frenetico e meno ansiogeno. Si lavorava tanto e duramente, ma i ritmi erano più lenti. C'era dunque più tempo per maturare le decisioni.

Oggi stiamo avviando il passaggio di consegne a nostra figlia in un ambiente completamente diverso da quello in cui abbiamo iniziato a lavorare. Non solo: le probabilità di importanti cambiamenti nel futuro prossimo sono certamente aumentate. Oggi Eva deve, e dovrà sempre di più, viaggiare vertiginosamente per incontrare gli autori e i colleghi esteri; leggere e scrivere centinaia di e-mail al giorno; trattare con catene di librerie e colossi online sempre più forti; scontrarsi con Amazon (perché questo è un rapporto diverso da quello con gli altri clienti e deve tener conto della vocazione monopolistica e totalitaria di Amazon); cercare libri per un pubblico più distratto e con meno tempo a disposizione per la lettura, perché sollecitato da tante offerte diverse; gestire autori che sono e saranno, da una parte, più corteggiati da una concorrenza sempre più aggressiva; dall'altra, più frustrati per via dei risultati meno soddisfacenti in un contesto esageratamente competitivo.

Oggi, certamente, E/O è molto cresciuta rispetto al passato. Nel 2019, con un fatturato di oltre 17 milioni di euro solo in Italia (venti volte superiore a quello di vent'anni fa) e al 20° posto nella classifica degli editori italiani elaborata da GFK, istituto leader nel settore delle ricerche di mercato; con altre due case editrici di lingua inglese, una negli USA e l'altra in Gran Bretagna; con oltre trenta dipendenti nelle varie sedi, è divenuta un'impresa editoriale più robusta e stabile. Questo è un vantaggio che lasciamo a Eva.

Ciò che è rimasto uguale in questi quarant'anni è l'amore per la nostra attività, il mettere la lettura al primo posto, lo stile di lavoro, semplice, diretto, efficiente, il rispetto per i lettori ai quali vogliamo dare sempre il meglio, l'orgoglio dell'indipendenza, il gusto dell'esplorazione e della scoperta.

Alla batteria…

Facciamo un giro per la casa editrice per capire come funziona e cosa significano concretamente queste parole: essere a fianco dell'autrice/autore.

Al piano terra, in una piccola stanza illuminata dalla luce di un ampio cortile romano, c'è Simona. La colonna. Sempre di buonumore, attenta e prontissima. Parla con tutti gli autori e i traduttori, ma anche con i tipografi, con il grafico, con gli altri redattori. Redattrice-capo? Capo-ufficio? Difficile rinchiuderla in una definizione, ma è lei che organizza e segue i programmi editoriali, coordina il lavoro degli altri e pungola gli stessi editori («Per martedì mi mandi le quarte di questi libri? Ti allego le schede»). È amica di molti autori/autrici e traduttrici/traduttori. Segue da vicino il loro lavoro, discute dei tempi, degli interventi degli editor, dei pareri degli editori. Organizza le riunioni in cui discutiamo dei libri e dei programmi editoriali.

Nella stanza a fianco c'è Sandra. L'editrice. È lei che ha letto e scelto gran parte dei libri pubblicati da E/O, dalle lettere tra i poeti simbolisti russi Blok e Belyi all'*Eleganza del riccio*, dai romanzi di Elena Ferrante al recente successo di Valérie Perrin, *Cambiare l'acqua ai fiori*, passando da Christa Wolf alla serie fantasy *L'Attraversaspecchi*. Sempre con immutata passione per la lettura, un gusto polimorfo e grande curiosità. All'inizio faceva anche la redattrice e di questa professione ha portato con sé l'accuratezza ai limiti del sospetto, la precisione, il senso della parola. Ma Sandra ha occhi per tutti e controlla ogni cosa del nostro lavoro. È tenace («mi fisso») e, dietro i gentili modi sabaudi, è sanguigna. Poi ovviamente è mia moglie, ma questa è un'altra storia.

Di fronte ci sono altre due camere. In una, dove prima c'era il magazzino "interno" (ora trasferito in un locale a fianco del portone del palazzo, dove Adriano, recluta recente, ex libraio e proveniente dai magazzini di... Amazon, presiede agli innumerevoli spostamenti dei nostri libri), c'è la mitica amministrazione. Per me è davvero mitica, perché senza di essa non avrei potuto fare nulla. In E/O l'amministrazione non è un servizio separato (come in tante case editrici, dove viene addirittura gestito da una società terza), ma è parte integrante del lavoro editoriale. Credo di essere stato io a concepire le cose in questo modo: i conti, la loro tenuta, i loro responsi, sono inseparabili dalla scelta dei libri e dalla loro pubblicazione. Qui lavorano Daniela, polso di ferro e memoria d'acciaio dietro a un perenne sorriso, precisa, inossidabile, resistente, veloce; Rosa, che segue soprattutto le case editrici americana e inglese, coraggiosa, appassionata e inventiva, tiene testa ai commercialisti di Londra e di New York senza arretrare di un centimetro; Giulia, la più giovane, arrivata da pochi anni ma già ben integrata, brillante, simpatica e capace di imparare dalle colleghe più esperte e di gestire il lavoro con sicurezza; Janine, con noi da pochi mesi per rafforzare ulteriormente l'amministrazione delle tante attività legate alla casa editrice (siamo pure soci di due piccole librerie).

Ho detto del magazzino, il polmone della casa editrice, da dove entrano ed escono i libri. Il grosso dei volumi "giace" presso il distributore, ma la "testa" è da noi. Oggi è Adriano a far muovere i libri attraverso il paese, ma prima era Claudia. Claudia oggi non c'è più, ma quando c'era si faceva sentire. Con le sue maniere schiette aveva intrecciato rapporti con librai, promotori e distributori. La conoscevano tutti. Con il suo umorismo un po' pesante e la sua franchezza si faceva amare. Era indifferente alla politica e si teneva a "scettica" distanza dal mondo radical-chic. Quando venne ricoverata in ospedale, non fui sorpreso che una libraia molto di sinistra (ma con altrettanta umanità di lei) andasse a trovarla.

Nella stanza a fianco c'è un altro pilastro del nostro lavoro: la segreteria. Si sa che questa è una parola molto vaga e ambigua. Comprende esempi e accezioni che vanno dal segretario generale del PCUS Giuseppe Stalin ai giovani che fanno fotocopie tutto il giorno. Da noi la segreteria svolge un po' tutte queste funzioni. Gabriella, una veterana con noi da oltre trent'anni, e Cristina, arrivata più di recente, fanno davvero di tutto. Intanto gareggiano in gentilezza, qualità che Gabriella mette in cima a ogni scala di valori. Poi rispondono al telefono, alle e-mail, alla porta, contattano e ricevono fornitori di ogni genere, organizzano i viaggi numerosissimi e complicati di autori e collaboratori della casa editrice (e degli editori per primi), si preoccupano che tutti i macchinari, i computer, le connessioni internet e telefoniche, gli arredi, le auto della E/O siano funzionanti. E così via. Potrei stare ore a stilare la lista infinita dei compiti che assolvono con diligenza e intelligenza.

Procedendo lungo il corridoio troviamo la stanza di Eva. Prima era in stanza assieme a sua madre, ma capirete che la situazione era un po' strana. Eva trascorre molto tempo in Gran Bretagna, dove dirige Europa Editions UK. Ma lavora anche per E/O e, assieme ai suoi genitori, ne è l'editrice. Porta quindi almeno due cappelli, la bombetta inglese e il borsalino italiano. È mia figlia, quindi evito di passare ai complimenti. Sarebbe comunque una lista troppo lunga. Credo sinceramente che sia più brava di noi, di suo padre e sua madre messi assieme. Se saprà coltivare la modestia, per continuare a imparare; la pazienza, che il suo amico Antonio Sellerio annovera come qualità inderogabile dei successori al trono; l'equilibrio, che è il regalo che a volte fanno gli anni, allora sarà una grande editrice. Il coraggio e l'intelligenza, due doti essenziali per l'editore-soggetto, li ha in abbondanza.

Quando Eva è a Londra o in giro per il mondo (assai di frequente), "lascia" la stanza a Ginevra, sua amica d'infanzia nonché grafica e bravissima illustratrice, approdata di recente a E/O per pilotare un ufficio grafico a cui vengono richieste sempre più numerose e innovative soluzioni. L'aspetto "visivo" della nostra attività è così cresciuto, in America e in Gran Bretagna ancor più che in Italia, da spingerci a creare un ufficio grafico interno che affianchi il lavoro del nostro eccellente art director storico, Emanuele Ragnisco. Quando non è a Roma, Ginevra lavora nella nostra sede milanese.

Ancora due passi e troviamo la stanza di Giulia. È arrivata alla E/O quasi per caso, per una questione di omonimia. Invece sembra fosse scritto negli astri che doveva lavorare da noi, tanto si è ben inserita per personalità e competenza. Giulia si occupa dei contratti editoriali attraverso i quali noi acquisiamo i diritti di pubblicazione da autori, agenti ed editori di ogni parte del mondo. È un lavoro molto ampio, richiede precisione, memoria, tatto, elasticità mentale. È un lavoro essenziale perché regola i rapporti professionali tra l'editore e gli autori. È un compito delicato. Ciononostante Giulia non è affatto seriosa o noiosa, anzi è molto buffa e controllare con lei i contratti può essere addirittura divertente!

*

In fondo al corridoio ci sono io. Cosa faccio? Provate a indovinare leggendo questo libretto.

Al piano superiore c'è un altro appartamento. Nella prima stanza Emanuela. È arrivata da Londra, dove lavorava in un'agenzia letteraria (eh sì!), nel 2019. È l'unica che ha un incarico con un nome inglese: foreign rights. Infatti così vengono definite da tutti gli addetti ai lavori le persone che si occupano di vendere i diritti d'autore di proprietà della casa editrice agli editori stranieri. Per fare un esempio (non proprio a caso...), Emanuela ha venduto i diritti dell'ultimo libro di Elena Ferrante a editori di una cinquantina di paesi. Un bel tesoretto. Emanuela è una ragazza entusiasta, appassionata, grande lavoratrice, brillante. Tiene rapporti quotidiani, al telefono o via e-mail o quando va alle grandi fiere internazionali come Francoforte o Londra, con editori di tutto il mondo. Nonostante la giovane età ha già accumulato una bella esperienza.

*

Più avanti c'è Diego, l'uomo super-tecnologico, la carta vincente hi-tech di E/O e di Europa Editions. È un mago della rete e fa tutto quello che si può fare (di legale e pulito) su internet. Prepara i nostri e-book e ne segue la distribuzione sulle varie piattaforme. Coordina il lavoro sui social, le nostre campagne, le promozioni, la presenza quotidiana. Cura i siti internet delle nostre case editrici nei vari paesi, sempre coordinandosi con i colleghi della comunicazione e del commerciale. E, ciliegina sulla torta, dà anche un'occhiata quando qualcosa non va nei nostri strumenti tecno-telematici. A dire il vero, io capisco quasi niente di quello che fa, ma mi pare che sia straordinario e che ci permetta di viaggiare senza paura nel futuro.

Inoltrandosi nel corridoio del piano superiore troviamo la stanza dell'ufficio stampa/comunicazione. Lì ci lavorano due persone: Ester e Giorgia. La prima è un'altra veterana di E/O, quasi vent'anni di servizio. Ester è una magnifica organizzatrice e recentemente le abbiamo affidato pure il gravoso compito di coordinare il lavoro di tutte le persone che lavorano in casa editrice (anche in smart working). Assistita dalla neo-arrivata Giorgia, una giovane molto preparata e piena d'idee e di energie, Ester si occupa non solo di comunicare all'esterno i nostri libri, ma anche e soprattutto di organizzare i numerosi eventi cui prendono parte gli autori. L'editoria infatti vive sempre più di una necessaria simbiosi con gli "eventi", ossia tutta quella serie d'incontri, presentazioni, serate, festival, premi, nei quali le scrittrici e gli scrittori dialogano con il pubblico, con i critici e i giornalisti. Ci sono autori come Massimo Carlotto o Sacha Naspini capaci di mettere in fila più di cento incontri l'anno; autrici come Lia Levi che hanno visitato centinaia di scuole in tutt'Italia, parlando a migliaia di studenti. Organizzare tutto questo "circo" (intendo in senso positivo e "circolatorio"!) è un lavoro imponente.

Ma non finisce qui il nostro ufficio stampa/comunicazione. Abbiamo anche dei locali a Milano in cui lavora l'eminenza grigia della nostra comunicazione, Colui che tira le fila (e muove i fili) di questo grande teatro: Giulio. È lui ad avere forse la posizione più scomoda di tutta la casa editrice, perché è il responsabile della comunicazione di gente che poco fa per comunicare (noi). L'ho scritto nel precedente libretto e nell'ambiente ormai lo sanno anche i sassi: E/O è un editore che coltiva una folle idea: la casa editrice deve pubblicare (molto bene) i suoi libri, questo è il suo compito principale; poi i lettori, là fuori, se ne accorgeranno. Certamente ne parleremo all'infinito con i giornalisti e i critici, inonderemo le redazioni di comunicati stampa, informeremo massicciamente i librai. Ma non sarà questa la nostra arma principale. Il primato l'avranno sempre i libri e la cura con cui verranno pubblicati. Ora, far digerire questa "filosofia" a un responsabile della comunicazione è come mandare in guerra un soldato armato solo di un bell'ideale. È per questo che Giulio ed Ester e Giorgia (e gli altri che li aiutano sui social e nel mondo reale) sono eroici.

Ancora due passi e arriviamo nella stanza del nostro direttore commerciale e marketing: Gianluca. Ma come: non avevo detto peste e corna del marketing e ora ecco qua, nientedimeno che un direttore di questa odiosa disciplina? Ma Gianluca è un filosofo. Conosce tutte le arti nere e i trucchi delle scienze commerciali, ma possiede pure l'ironia per esercitarle con il giusto distacco e la necessaria efficacia. Sempre attento a dosare lo sforzo commerciale (anche economicamente) e a metterlo al servizio del libro, Gianluca sa quanto siano importanti una buona strategia commerciale e un uso mirato degli strumenti di marketing, senza mai lasciare che questo oscuri il primato del libro. In contatto quotidiano con decine di librai in tutt'Italia, con il nostro distributore ALI, con la nostra rete di promozione NW, con Enrico, Emanuela e Stefano, con tutti i promotori di quella rete che giornalmente visitano le librerie italiane, Gianluca controlla un piccolo "impero" e assolve a un compito gravosissimo: vendere libri in un paese dove oltre metà della popolazione non legge neanche un libro l'anno.

*

Prima della sala riunioni c'è la stanza di Leonella. Lei ha veramente un ruolo insolito e prezioso. Da questo ufficio di Roma segue e coordina la redazione e la produzione di centinaia di libri che pubblichiamo in inglese attraverso le nostre case editrici a New York e a Londra. Perché siamo un animale davvero strano, con tante teste e con tante braccia e gambe. Pensiamo e scegliamo dei libri in Italia (ma anche in Gran Bretagna e in America), li pubblichiamo in quei paesi (grazie ad altre persone che lavorano a New York e a Londra), li vendiamo in tutto il mondo. Leonella è la persona, incredibilmente riservata e modesta, che coordina questo balletto internazionale di autori, traduttori, editor, grafici, tipografi, trasportatori, armatori (sì, perché ogni tanto allestiamo un bastimento carico di libri per il Nuovo Mondo e Leonella deve preoccuparsi degli uragani in Georgia e della capienza esatta dei container) sparsi ai quattro angoli del pianeta. Magia.

Poi c'è Silvia, la regina delle parole, colei

che ha letto e corretto più libri di chiunque altro, vigile, colta, spiritosa. C'è Claudio, l'editor più amato d'Italia, severo e duttile al tempo stesso, cacciatore di romanzi italiani, infaticabile spalla dei nostri cari autori. E ce ne sono ancora, magari che vengono in ufficio ogni tanto per lavorare con gli altri e portare i loro lavori. Martina, che corregge e impagina i libri; Emanuele, il grafico senza cui niente esisterebbe, non ci sarebbe forma e i libri non avrebbero volto, l'uomo che porta la luce dove c'era l'oscurità; Barbara, cacciatrice di libri delle zone più lontane e pericolose del pianeta: Africa, Medio Oriente, mondo arabo…; Lucrezia, recentissimo e fortunato "acquisto", con noi da pochi mesi e già apprezzata lettrice, comunicatrice e libraia; Dafne, che aiuta Leonella a navigare nell'intricato mondo dei formati anglosassoni; Maurizio, l'uomo del cinema, a caccia di produttori interessati a portare sugli schermi le nostre storie. Poi ci sono gli uffici di New York e di Londra, con Michael, Kathy, Edoardo, Kent, Daniela, Christopher, Carolina e altri ancora che passano e a volte restano.

*

A questo punto vi chiedo: come potete credere nel self-publishing? Come potete sottovalutare il lavoro editoriale? Come pensate di poter fare a meno degli editori-soggetto, quelli che ritengono che tutte queste competenze e intelligenze siano *necessarie* per pubblicare i libri; che credono che senza il lavoro di queste persone l'editoria semplicemente morirà, retrocederà la voglia di leggere, scomparirà il mondo della lettura così come l'abbiamo conosciuto fino a oggi?

Pillole di saggezza per i futuri editori-soggetto

Per chi non avesse voglia o tempo di leggere l'intero libro, ecco alcune brevi istruzioni per aprire una casa editrice (o un'altra impresa culturale) e restare in vita il più a lungo possibile:

Raccogliete (se non li avete già) almeno centomila euro.

Pubblicate solo libri che vi piacciono.

Pubblicate solo libri che vi piacciono, ma fate in modo di non perderci denaro.

Cercate bestseller (o altro) per finanziare i libri che sono in perdita.

Non vergognatevi di niente.

Ricordatevi sempre che nel vostro smartphone c'è tutto. Ma che fuori (e nei libri) c'è tutto il resto.

Non piegatevi a mode, richieste indebite, nepotismi...

Non siate né manager né intellettuali, né carne né pesce.

Non pensate mai di poter diventare come Calasso, ma ricordatevi che lui c'è stato e ha fatto la sua casa editrice. Voi potete fare la vostra.

Puntate tutto su un solo cavallo piuttosto che un euro su tutti quelli in gara. Almeno vi divertirete di più.

Fatevi solo pochi amici sicuri.

Tenete un profilo basso. Saranno gli altri, in primis i competitor, ad accorgersi dei vostri successi e a divulgarli.

Se state per fallire non incolpate gli altri, né l'ignoranza degli italiani né la perfidia del mercato, ma solo voi stessi. Evitate però di gettarvi a mare e ricominciate da capo, testardi e un po' più furbi.

Partite piano, non abbassate la guardia, studiate l'"Avversario" e quando colpite, fatelo duri e veloci.

Amate i vostri autori più di ogni altra cosa, ma teneteli a distanza. Ricordatevi che state allenando e ferrando dei cavalli di razza, quindi evitate di ricevere calci a sorpresa.

Credete in un unico, solo Dio: il libro. Ma non fidatevi di lui, rinnegatelo alla bisogna, mandatelo al macero. Occhio però alle resurrezioni.

Appendice
Sono stato anche un pessimo libraio

Avvertenza

Questo racconto è dedicato ai librai. Chi lo leggerà rimarrà sorpreso da quanto male io abbia svolto questo magnifico mestiere. Non sapevo nulla di conti, di rotazioni del magazzino, di margini, ma neppure di libri né dei modi migliori per presentarli e venderli. Avevo tanta passione però. Quel desiderio che hanno i librai più bravi di trasmettere agli altri le gioie provate nella lettura di un libro. In fondo avevo solo questo, un desiderio. Che però è proprio quello che manca al più grande venditore di libri del mondo, Amazon. Amazon, che non chiamo libreria, non conosce questo desiderio di comunicare agli altri un libro che ha amato. Il solo desiderio che conosce è quello di vendere, e per farlo usa gli algoritmi, ossia un meccanismo impersonale. Nel mio racconto troverete invece solo la voglia di comunicare con altre persone, la frustrazione per non riuscirci o le epifanie di una passione condivisa.

Per fortuna oggi tanti librai si sono impadroniti delle tecniche di gestione e di vendita e conducono con profitto, pur in condizioni difficili, le loro imprese. Hanno imparato quei saperi e quelle competenze che io non avevo quando aprii la mia libreria. Fu per questa mancanza che alla fine fui costretto a chiudere. Questo, quindi, è in un certo senso il racconto di un'epoca preistorica. Oggi le cose sono diverse, ma ciò che mi riempie di allegria è vedere nei librai di oggi bruciare quella stessa fiamma che allora mi bruciava dentro.

Era il 1977 e avevo una libreria dietro piazza Navona. Un piccolo largo fuori mano dove non passava mai nessuno. All'epoca neppure i vicoli intorno, oggi affollati da turisti, erano animati. Ma nella nostra piazzetta non girava proprio anima viva. Aveva al centro un'antica colonna romana, ai cui piedi una volta trovammo riverso un eroinomane. Qualche macchina era parcheggiata abusivamente, un vecchio con un berretto da capitano di marina si spacciava per parcheggiatore. Una mattina finì male: un altro vecchio, più basso del primo e senza cappello, lo accoltellò per rubargli il posto. Ma il luogo rimase incantevole. Vecchia Roma. Dai tempi dei papi sai quanti erano stati assassinati così.

All'epoca ero ricco di famiglia (poi perdemmo tutto). Investii i miei soldi in quello spazio affascinante. Lo prendemmo in affitto e facemmo un po' di lavori. Era un buco profondo scavato in un palazzo rinascimentale. Era stata una galleria d'arte d'avanguardia. Il titolare si era trasferito a Milano, dove giravano più denari. Una lunga galleria con alti soffitti e, al piano inferiore, un altro spazio molto umido. Quando ne prendemmo possesso montammo alle pareti degli orridi scaffali da supermercato color giallo senape. Un amico olandese, un ingegnere bio-chimico trapiantato a Roma come falegname, li dipinse in stile Mondrian. Colori forti, blu e rosso e nero. Anche le sedie di legno, quelle pieghevoli da arena estiva da quattro soldi, le dipinse con gli stessi colori. Sarebbero servite per le presentazioni.

Mia mamma mi aveva accompagnato a cercare il luogo adatto per una libreria. Avevo venticinque anni e lei non si fidava delle mie capacità imprenditoriali. Non era felice della mia scelta. Mi avrebbe preferito manager. Lo spazio la lasciò perplessa: «Qui non c'è passaggio. Non avrete clienti». Io invece rimasi incantato. L'antico, il nuovo, il segreto. Volevo iniziare lì la mia avventura.

Eravamo in tre. Io mettevo i soldi. Francesco era l'Intellettuale. Ruggero era il terzo.

L'afflato degli anni Sessanta si stava spegnendo. Noi pure avevamo fatto le nostre esperienze rivoluzionarie, politiche e private. Ora volevamo comunicarle agli altri. La libreria sarebbe stata il luogo degli incontri. Dovemmo proteggerla con una grande vetrina a prova di proiettile e un piccolo fossato riempito di sabbia per evitare che venisse versata della benzina per appiccare un incendio. I fascisti avevano già dato fuoco a varie librerie di sinistra. (Loro non avevano librerie, quindi in questo caso non avevamo potuto fare ritorsioni.)

Li hanno chiamati "anni di piombo". Io non amavo né i terroristi né i poliziotti, quindi evitai quel metallo e mi accontentai di altri tormenti, più esistenziali. Tuttavia frequentavo le manifestazioni di piazza e incontravo i compagni che mi dicevano eccitati di aver visto in giro per la prima volta i "cannoni". Una sera di maggio, pochi giorni dopo aver firmato il contratto d'affitto per il locale della libreria, presi per mano per la prima volta colei che poi sarebbe diventata mia moglie e fuggimmo insieme nei vicoli del centro storico, mentre a poche centinaia di metri un poliziotto travestito da manifestante sparava a una ragazza di diciannove anni e la uccideva.

La libreria voleva essere un luogo di pace e di dialogo. Le idee, anche le più estreme, erano benvenute. Al piano di sopra ci sarebbero stati tutti i libri del mondo. Anche i manifesti. Di sotto avremmo organizzato gli incontri. Ci vollero i deumidificatori perché le fotografie appese alle pareti si accartocciavano.

A ottobre, poco prima di inaugurare, andammo alla fiera di Francoforte. Guardammo migliaia di libri e l'ultimo giorno ne rubammo alcuni bellissimi, fotografici e illustrati (c'era il *Libro degli Gnomi*!) e ne comprammo altri, caricammo la mia 124 familiare, percorremmo 1.300 chilometri e li portammo in libreria.

Io fino ad allora avevo vissuto a Parigi, quindi portai un mucchio di manifesti dalla libreria polacca di boulevard Saint Germain. Negli anni Sessanta la grafica polacca aveva fatto meraviglie e quei poster, sconosciuti da noi, fecero impressione. Ne scegliemmo uno – un clown con la bombetta in testa e un naso rosso finto – come simbolo della libreria. Inquietante e ironico.

Tutti questi oggetti preziosi – libri rari, riviste rivoluzionarie dai quattro angoli del mondo, poster inediti – erano sparsi per la libreria in una grande confusione. Cercando bene, chiunque avrebbe potuto trovare qualcosa di utile per sé, un messaggio dal mondo capace di emozionarlo.

Infatti i nostri clienti erano strani. Gente che aveva capito, senza ben sapere perché, che lì da noi avrebbero trovato qualcosa d'interessante. Io non afferravo bene chi fossero queste persone e di cosa si occupassero. Era piuttosto Francesco a riceverle e ad ascoltarne le richieste. Lui era l'Intellettuale e aveva una curiosità infinita. Aveva sentito parlare delle idee più strambe in giro per il mondo e conosceva i circuiti attraverso i quali questi pensieri circolavano. Li invitava nella nostra libreria. Io non ne capivo molto. Avevo viaggiato parecchio, però, e avevo visto cose altrettanto strane da far conoscere.

Oggi penso che forse sbagliavamo. Che non fosse giusto far arrivare tanti mondi senza aver dato il tempo di accoglierli e spiegarli. Aver bruciato i tempi. Non aver lasciato a tutti lo spazio e il tempo necessari per capire altre estetiche e altri modi di pensare. Ma questo forse è solo il rimorso dei pionieri. Qualcuno deve pure iniziare.

Pochi riuscivano ad arrivare in quella libreria nascosta in un angolo sconosciuto di Roma. I romani non sapevano che esistesse. Anche quelli che venivano a piazza Navona per la Befana, oppure i numerosi turisti da tutto il mondo, entravano e defluivano dalla splendida piazza per vie che non portavano alla nostra piazzetta. Eravamo a duecento metri e nessuno lo sapeva. Il vicolo che conduceva alla libreria aveva qualcosa di respingente (non solo l'odore di piscio lasciato dagli ubriachi). Coloro che approdavano da noi riuscivano solo perché guidati dalla stella polare della curiosità.

Era il segno della nostra generazione. Vedemmo cose che la maggior parte non vide, ma non riuscimmo a condividerle. Restammo chiusi nella nostra piazzetta.

Organizzavamo corsi di ogni tipo. Fumetto, fotografia, francese, russo, cinese... Organizzavamo mostre di fotografia e di pittura, avevamo riviste statunitensi e africane, libri di psicanalisi, di antropologia e di politica. In tante lingue. Avevamo manifesti di ogni tipo. Fummo i primi esclusivisti in Italia di Escher. Tenevamo i fumetti di Metal Hurlant vicino alle edizioni di Maspero e alla *New Left Review*. Non so che idea potesse farsi di noi chi si addentrava in questo incredibile antro delle meraviglie nascosto nel cuore di Roma.

Io stesso capivo poco. Ero smarrito, a disagio nell'accogliere i clienti. Avevo contribuito a creare quella grotta di Ali Babà, ma non sapevo come spiegarla. Ne ero sopraffatto. Lisa Foa mi parlava della delizia della *Passeggiata* di Walser, ma io non lo avevo letto. Il rappresentante dei fumetti francesi – lui stesso, pur italiano, sembrava uscito da un film di Truffaut, con i quattro capelli in fuga sulla testa pelata – mi presentava le recenti meraviglie grafiche d'oltralpe che io guardavo con scetticismo. Militanti dei vari gruppi rivoluzionari mi illustravano con entusiasmo i loro opuscoli e io sbadigliavo.

Nessuna di quelle proposte, singolarmente presa, accendeva la mia curiosità. Non guardavo i fumetti, non sfogliavo i giornali rivoluzionari, non leggevo i libri di Adelphi. La sola cosa che mi piaceva era di avere tutte quelle cose insieme nella mia grotta.

Una sera ospitammo una guardia rossa cinese. Credo fosse la prima volta che un soggetto del genere parlava in Italia. Non ricordo nulla di come e perché fosse arrivato da noi. Forse attraverso l'insegnante del corso di cinese, un tipo allampanato dall'aspetto ieratico. Il giovane raccontò di essersi scontrato violentemente con altri gruppi di ragazzi all'università di Pechino, di aver lavorato per anni nei campi in condizioni durissime, di essere poi scappato, di aver attraversato a nuoto un tratto di mare infestato dai pescecani per raggiungere Hong Kong e di essere infine arrivato da noi. Per me, che ero stato maoista per alcuni anni, fu un boccone amaro.

Una nostra affezionata cliente era una delle prime psicanaliste lacaniane d'Italia. Le corsi incontro festoso annunciandole che era appena arrivato dalla Francia il libro del Docteur sulla relazione tra il naso e il sesso. Credo che lei mi facesse una corte delicata e un po' simulata (lacaniana?), che ovviamente non colsi. Meglio così, forse. Chissà in quali meandri psichici mi sarei perso.

Tenevamo la rivista *Esprit*. Non saprei perché, se non per il fatto che l'avevo vista esposta nelle librerie più cool di Parigi. Un giovane diplomatico dell'ambasciata di Francia, distante pochi passi dalla libreria, adocchiò la rivista e divenne un fedele cliente. Mi prese di mira e trascorsi lunghi pomeriggi con lui ad ascoltarlo parlare di Maritain, Péguy e altri filosofi cattolici di cui non mi importava nulla. Quando un giorno smise di venire tirai un sospiro di sollievo.

Avevamo tra i nostri clienti dei cinefili incalliti. Alcuni frequentavano il Filmstudio, una sala d'essai dove anch'io anni prima ero rimasto affascinato a guardare per un'ora un film di Andy Warhol con inquadratura fissa su un divano, dove si alternavano maschi e femmine a fare sesso. E avevo visto i bellissimi primi film di Bellocchio e Bertolucci e i noiosi film di Buster Keaton dove tutti ridevano meno io e altri film di Glauber Rocha e di Dovženko, durante i quali avevo dormito. Uno di questi clienti acquistava tutte le riviste di cinema del mondo che ricevevamo. Per lui i *Cahiers du Cinéma* o *Positif* erano come *Il Messaggero* per il cliente di un bar romano. Aveva capelli lunghi neri e unti e un giaccone a scacchi rossi e neri che mi piaceva. Mi rincresce di non avergli chiesto di rivelarmi i segreti del cinema. Parlava piuttosto con Francesco che sapeva di Nouvelle Vague e di campi lunghi.

Era così il mio rapporto con il lavoro culturale: un po' vago e malinconico. Confuso. Stavamo digerendo le batoste politiche e davanti a noi si aprivano pericolose e sterminate pianure, paludi di sabbie mobili, gole e ripidi sentieri immersi nelle nebbie. L'esoterismo, le filosofie orientali, lo yoga, il pensiero debole, Heidegger, Deleuze, Foucault, Castaneda, le droghe e i paradisi artificiali. Le solide certezze di un tempo erano andate in pezzi. Chi voleva, poteva esplorare qualcuna di queste nuove strade. Vendevamo sempre più libri di Adelphi e di Astrolabio, mentre chiudevano gli editori militanti: Samonà e Savelli, Bertani (che tentò di suicidarsi), Mazzotta.

Personalmente, prima di buttare nei rifiuti le vecchie certezze, avevo ancora in mente di comprendere come mai si fossero sfaldate. Mi ero fissato sugli operai russi: come mai, dopo la presa del potere nel 1917, non erano riusciti a trasformare il lavoro e a far funzionare le fabbriche in un modo nuovo, diverso da quello capitalista? Nel tentativo di capire, avevo studiato un anno intero a Parigi con degli illustri esperti, avevo affrontato la lingua russa, avevo letto documenti e testimonianze. La mia preferita era quella di un giovane elettricista americano che aveva lavorato cinque anni nella prima grande acciaieria sovietica, a Magnitogorsk. Aveva visto cadere gli operai congelati dalle impalcature alte venti metri, gli slanci produttivi degli stacanovisti odiati da molti dei loro compagni, le delazioni e gli arresti all'alba. Tutto a trenta gradi sotto zero, con l'entusiasmo di costruire il mondo nuovo che si affievoliva giorno dopo giorno. Nella luce calda e dorata dei tramonti romani, uscivo sulla soglia della libreria e ammiravo i palazzi rinascimentali e le chiese barocche che ci circondavano. Con la mente, però, ero a Magnitogorsk.

In libreria – l'ho detto – entrava la gente più strana. Molti intellettuali e lettori appassionati (adoravamo i pochi che uscivano ogni volta dal negozio con borse piene di libri), ma anche fricchettoni e perdigiorno. Da piazza Navona, dove stavano accampati a farsi le canne (e cose più pesanti), giungevano ogni tanto ragazzi con lo sguardo vuoto e chiedevano i libri di Nizziché. Ci voleva un po' prima di capire che il poveretto cercava un libro di Nietzsche che poi non aveva mai i soldi per comprare. Allora se ne stava lì dieci minuti a fissare la stessa pagina, come contenesse un segreto prezioso. Vedevo che i suoi occhi restavano puntati sulla stessa riga, una macchia che non riusciva a illuminarlo. Ce n'erano tanti, di quei ragazzi. Capitava spesso che uno di loro si appartasse nella nostra piazzetta, si sedesse sulla base di marmo della colonna romana e tirasse fuori gli attrezzi dell'estasi e della morte. A volte la morte li ghermiva sotto i nostri occhi.

I perdigiorno invece arrivavano alle sei, un paio d'ore prima della chiusura. Non guardavano i libri, puntavano direttamente al tavolo della cassa, trasformato nel cuore di un salotto. Cercavano noi per avviare una chiacchierata che poi sarebbe continuata in una trattoria davanti a un piatto di penne alla vodka (dove sono sparite oggi?) e a qualche bottiglia di Mateus, il vino semi-dolce portoghese allora in voga. Quando li vedevo arrivare andavo a nascondermi nel retro della libreria. I perdigiorno invece crescevano di numero, minuto dopo minuto, e al momento di chiudere se n'era riunita una ventina e anche più. Parlavano un po' di politica, ma soprattutto dell'organizzazione del weekend a Sperlonga, dove avremmo dormito nei sacchi a pelo sulla spiaggia. Un povero cristo che voleva pagare un libro, per arrivare alla cassa doveva farsi largo a fatica in quel muro umano. E se in quel momento alla cassa ci stava Ruggero, lo trovava con le gambe allungate sul tavolo, ai piedi i suoi immancabili stivaletti texani (era un fan del western all'italiana, ma anche di John Ford e di Galvano Della Volpe). Ruggero guardava il cliente volenteroso con un sorrisetto ironico e gli diceva: «Ma ancora leggi, a quest'ora?». Poi, incassato il denaro e infilatolo nel cassetto, riprendeva la chiacchierata inopportunamente interrotta dal seccatore.

Avevamo vent'anni (qualcosa di più) e non permetteremo a nessuno di dire che fu l'età più bella della nostra vita. Avevo letto Nizan, ovviamente, quantomeno le prime pagine con questa frase scolpita, avevo letto il suo amico Sartre, l'altro amico Camus, e forse ero un po' esistenzialista. Non vestivo di nero, preferivo il look da boscaiolo canadese. Ma dentro di me ero piuttosto nero. I perdigiorno mi infastidivano, con le loro chiacchiere frivole. Ma odiavo anche i duri e puri della politica, gli autonomi e i brigatisti, ancora illusi in una mortifera guerra senza senso (ogni giorno il bollettino riportava qualche ammazzamento, di sera la città era disseminata di posti di blocco e c'era sempre il rischio di rimanere coinvolti, soprattutto noi con la nostra fama di libreria militante). Fortunatamente ero riuscito a tenermi alla larga dalla deriva della droga (cosa che non era avvenuta a tutti i miei amici), ma vedevo attorno a me crescere il numero dei dipendenti da sostanze. La Cultura, quella con la C maiuscola e astratta dalla vita, non mi interessava. Cosa ci facevo in quella libreria?

Un po' alla volta, per fortuna, arrivarono le donne. Il femminismo cresceva e le ragazze attorno a noi erano tutte più o meno coinvolte nella liberazione della donna. Iniziava in cucina, dove ci facevano lavare i piatti, e continuava a letto, dove ci ricordavano che c'era in ballo anche il loro corpo. In libreria andava a ruba un grosso manualone, *Noi e il nostro corpo*, e anch'io ogni tanto gli davo un'occhiata. Le lezioni principali erano tuttavia quelle dal vivo, dentro i rapporti. In libreria eravamo tutti maschi, soprattutto all'inizio, e si vedeva. Ma avevamo un rapporto strettissimo con le nostre amiche della Libreria delle donne in piazza Farnese, a poche centinaia di metri dalla nostra. Ci scambiavamo libri e consigli. Imparavamo ad amare la differenza, a rispettarla.

Io vivevo con Sandra e con un'altra compagna a Montesacro. Ero entrato mesi prima come coinquilino. Avevano scelto me tra due o tre candidati perché avevo portato in dote una confezione di posate. Era prima di aprire la libreria e avevo un lavoretto come autista di un vecchio che vendeva posate e piatti ai ristoranti. Avevo dunque sempre qualche forchetta e coltello con me. Una volta entrato in casa e sistematomi nella mia camera, conobbi bene Sandra e me ne innamorai. Ci volle tempo e non andò sempre tutto liscio, ma alla fine ci ritrovammo felicemente "sposati" (ufficialmente il nostro matrimonio avvenne solo dieci anni dopo). Da Montesacro "scendevo" in centro, a piazza Navona, con il 60. Percorreva la lunga via Nomentana e mi lasciava a destinazione in mezz'ora. C'era meno traffico allora. Sull'autobus di solito leggevo. Non c'erano cellulari. Sfogliavo *Lotta Continua* o *La Repubblica*, che aveva iniziato a pubblicare da un paio di anni. Ma preferivo immergermi in un libro. Erano i primi romanzi, timidi tentativi, dopo anni di abbuffate saggistiche. Joseph Roth, Jack London, John Steinbeck, Hemingway, Fitzgerald, Arlt, Babel',

Blixen. Mi ammorbidivo, scoprivo i sentimenti, le intermittenze del cuore, capivo che le idee s'inchinano sempre, giustamente, alla vita.

L'attività della libreria era frenetica. Di libri ne vendevamo pochi. La gente preferiva acquistarli alla Feltrinelli, dove c'era un maggiore assortimento e un servizio più efficiente. Noi eravamo più occupati a organizzare la vita culturale. Presentazioni, incontri, corsi, mostre. Lì nacque la prima scuola di fumetto in Italia. Era una situazione un po' strana. Quelli che la fondarono erano piuttosto diversi da noi. Diversi politicamente, intendo. Nessun passato o presente di militanza e una cultura esclusivamente e ossessivamente incentrata sul fumetto. I corsi di lingua erano quattro o cinque. C'era anche il cinese. A quello di russo, insegnato da Sandra (laureata in letteratura russa) partecipavamo io, Alberta (una simpatica dirigente del Comune di Roma con una passione per il polacco e per il movimento di Solidarność), Alexander Langer (il più umano e adorabile tra i leader di Lotta Continua, ambientalista *ante litteram*, poi impegnato contro la guerra nei Balcani e il genocidio dei bosniaci, poi suicida forse per "troppa umanità"), e pochi altri. Il corso di fotografia lo teneva Andrea Jemolo, un fotografo romano. Organizzammo pure alcune mostre di bravissime fotografe milanesi. Allestimmo la prima mostra in Italia dell'opera grafica di Escher, di cui vendevamo i manifesti in esclusiva. Anni dopo ci fu una moda dei negozi di poster, ma noi fummo i primi a venderli a Roma. Tenevamo i bellissimi poster pop di Philip Williams (Three Penny Opera) e di Jasper Johns, la stupefacente grafica polacca, le vertiginose architetture di Escher. Aggiungemmo un reparto di dischi. Avevamo un amico preparatissimo, Tito, che si concentrò sui settori del folk e del jazz. C'erano importanti riviste internazionali come *Rock & Folk* e *DownBeat* per la musica, *El viejo topo* per il costume, *Les Temps Modernes* e *Monthly Review* per cultura e politica, *Les Cahiers du Cinéma* e *Positif* per il cinema.

Spendevamo tanto e incassavamo poco. Io dovevo sempre aggiungere soldi. Con mia madre, che pure era ancora ricca, erano battaglie.

«Tutta quella gente che non fa niente dalla mattina alla sera, quel tuo amico che sta seduto con i piedi sul tavolo, i fascisti che vogliono bruciarvi il negozio… Mettiti a fare un lavoro serio». Da un certo punto di vista aveva anche ragione. Era assurdo che continuassimo a perdere soldi, che la gente venisse da noi più per rubare i libri che per comprarli. Nessuno di noi si occupava seriamente dell'amministrazione. Le fatture spesso le buttavamo nel cestino. Il problema dei ladri diventava ogni giorno più drammatico. Ne pescavamo almeno un paio al giorno ma sembravano moltiplicarsi. Quando qualcuno entrava vestito con un lungo impermeabile lo pedinavamo, senza mai perderlo d'occhio. Sapevamo che quel soprabito era pieno di tasche capienti da riempire di libri. Ma era un grande spreco di risorse. Dovevamo dedicarci a questo lavoro poliziesco e seguire i sospetti nelle sale sul retro, dove montammo pure una finta telecamera. Quando li coglievamo sul fatto davamo qualche spintone, recuperavamo i libri, li cacciavamo dal negozio, ma non denunciavamo mai nessuno. Si sparse la voce che da noi era facile rubare.

Una sera fui invitato a cena a casa di un cliente della libreria. Il discorso a un certo punto volse sui furti nei negozi e un commensale si vantò di aver rubato dei libri da noi. Non sapeva chi ero. Mi arrabbiai moltissimo e gli misi le mani addosso. Dovettero separarci. Alla fine in libreria installammo un sistema antitaccheggio – abbastanza costoso – che permise di risolvere il problema.

Lavorare nel cuore di Roma era un privilegio. All'epoca, non poi così distante negli anni da oggi, il panorama urbano era molto diverso. Pochi negozi, rari bar e ristoranti, poche auto. Di locali nuovi, aperti da giovani con idee più cosmopolite e innovatrici, ce n'erano poco più di una decina in tutta l'area che da piazza Navona arrivava a piazza Farnese e a piazza di Campitelli, attraverso corso Vittorio e largo Arenula. Insieme a noi aprì (e ancora esiste e resiste!) il Cul de Sac, enoteca con salumi e formaggi, una formula nuova di ristorazione che noi ragazzi accogliemmo con entusiasmo. Il Bar della Pace, oggi divenuto il centro di un'insostenibile, esagerata movida, era un vecchio locale vuoto con un bancone che offriva poche bottiglie di vermuth e Campari. C'era un ristorantino molto buio e "atmosferico" tenuto da due gay con camicie dai colori sgargianti, una rarità all'epoca, e serviva piatti strani tra il creolo e il francese. Camminare per quelle vie semideserte la sera, baciare una ragazza nei vicoli bui, ascoltare qualche rumore di stoviglie della cena o di televisori accesi scendere in strada dalle finestre dei palazzi, sedersi al tavolo di una trattoria mezza vuota e ancora libera dai musicisti di strada e venditori di rose, erano piaceri impagabili.

Sotto Natale il lavoro si faceva più impegnativo. I clienti acquistavano i regali e noi facevamo tanti pacchetti. Capitava addirittura che la libreria fosse piena e si creasse una piccola coda alla cassa. Diventavamo più nervosi. Io dormivo sempre meno, spesso arrivavo la mattina all'alba per preparare il lavoro della giornata o semplicemente perché mi ero svegliato presto. Mi capitava di alzarmi presto anche d'estate. Una mattina, saranno state le sei, albeggiava, camminai per piazza Navona deserta. La bellezza mi calmava. Faceva freddo ma non troppo. Davanti a un grande bar c'erano le sedie impilate una sopra l'altra e assicurate da catene. Il caffè era ancora chiuso e non c'erano clienti. C'era solo, in cima a una pila di sedie, un vecchietto seduto con le gambe penzolanti nel vuoto. Qualcuno doveva averlo messo là sopra, sospeso a un paio di metri da terra. Era piccoletto e guardava in silenzio la piazza. Mi avvicinai. Era Jean-Paul Sartre.

Ho già detto che non mi fidavo più delle idee. Era strano, perché in passato ero rimasto affascinato dai sistemi di pensiero, dalle teorie che spiegavano il mondo. Avevo vissuto diversi anni a Parigi e avevo frequentato quei pochi ettari del Quartiere Latino dove alcune scuole prestigiose ospitavano i mostri sacri del pensiero. Foucault, Deleuze, Althusser, Lévi-Strauss, Sartre, Lacan e tanti altri di cui avevo seguito alcune lezioni o letto qualche articolo o libro. I francesi erano maestri nell'arte del ragionamento e della dimostrazione. I loro pensieri avevano spesso una creatività che mancava agli anglosassoni o ai tedeschi, ma filavano lo stesso in un ordine cartesiano impressionante: tesi, antitesi, sintesi. Tutto tornava. Ogni cosa veniva spiegata e illuminata. Fino a quando un pezzo di realtà veniva a incastrarsi negli ingranaggi e le magnifiche teorie crollavano come castelli di carte. Il sistema cadeva a pezzi e nulla si spiegava più. Mi era successo proprio quello, mi stava ancora succedendo. Non restava molto in cui ancora credevo, men che meno le idee. Il mio malessere in libreria nasceva in parte da questo.

Ma non tutta la mia fede nelle idee era svanita. Trovavo ancora degli stimoli in qualche pensatore capace di ammaliarmi. Uno di questi era diventato quasi un amico. Era un giovane professore francese, molto stimato in patria. Quando vivevo a Parigi avevo seguito un suo corso sul trasferimento delle tecnologie verso il Terzo mondo. Robert era stato uno dei fondatori dei gruppi maoisti francesi e uno dei leader del Sessantotto. Aveva un pensiero affilato e sprezzante, una fiducia cieca nelle parole. Per un anno aveva abbandonato la vita dell'intellettuale ed era entrato come operaio in una fabbrica di automobili nella banlieue parigina. Aveva poi scritto un libro su quell'esperienza. Io lo ammiravo. Vedevo il suo dogmatismo ma gli riconoscevo anche un'intelligenza creativa. Uno strano connubio. Lo invitai nella nostra libreria per fare la presentazione di un suo saggio su Lenin e il taylorismo. Lo ospitai tre giorni nella nostra casa di Montesacro. Era gentile ma taciturno. Lo sorpresi alla finestra della sua camera che guardava i tetti di Montesacro. «Mi ricorda Algeri, la bianchezza di Algeri» sussurrò. Lo persi di vista, e molti anni dopo appresi per caso che era diventato muto dopo essere caduto da una scala. Pochi giorni prima aveva saputo che il suo maestro e amico, Louis Althusser, grande teorico del marxismo, paziente psicanalitico di Jacques Lacan, aveva strangolato la moglie. Robert riprese a parlare solo dopo parecchi anni. Lui, che aveva tanto creduto nella forza delle parole, era ammutolito. La sua storia mi sembrò un ammonimento.

D'estate, quando la libreria chiudeva il sabato sera, partivamo con tre o quattro macchine per Sperlonga. Spesso eravamo un'allegra brigata di una ventina di ragazze e ragazzi. Scendevamo i cento gradini di terra che portano alla spiaggia e ci accampavamo lungo il mare. Dopo aver acceso il fuoco e suonato e cantato e bevuto, ci sdraiavamo nei sacchi a pelo, chi nelle tende canadesi chi all'aperto. Al mattino ci svegliava la luce del sole e durante il giorno restavamo a farci scaldare i corpi da quella luce benefica e accecante. Per i primi tempi eravamo quasi sempre soli, in quella spiaggia ancora poco conosciuta. La domenica sera riprendevamo le nostre cose e andavamo a cena a Sperlonga o a Itri prima di far ritorno a Roma. Negli anni la spiaggia iniziò a riempirsi sempre di più, e alla fine smettemmo di andarci.

Il lunedì era sempre difficile riprendere il lavoro. Col passare del tempo la mia passione per la libreria andò spegnendosi. Le perdite crescevano, i clienti venivano da noi a chiacchierare, seguire corsi e incontri, ma poi se volevano un libro andavano da Feltrinelli. Pochi progetti ormai mi entusiasmavano. Ancora non avevo scoperto tutti i piaceri della letteratura, la saggistica mi annoiava sempre di più. Anche l'accordo con i compagni d'avventura andava sbiadendo. Francesco teneva duro ma perseguiva un po' per conto proprio i suoi interessi e le sue curiosità intellettuali. Curava i propri clienti e restava distratto sul resto. Ruggero era sempre più assente e pigro, corroso da un crescente cinismo. Contava i minuti per andare a casa a farsi un piatto di fettuccine e a vedersi un western. Io mi calavo un po' alla volta in un'accidiosa depressione. Evitavo i clienti, sbrigavo le mansioni essenziali, soprattutto amministrative, smettevo di cercare nuove idee e nuovi prodotti per la nostra clientela. Si sa come vanno le cose. Quando un'attività inizia a morire i clienti se ne accorgono, iniziano a disertare e a criticare. Il brio degli inizi cominciava a lasciare spazio a un'atmosfera un po' lugubre. Gli scaffali mostravano sempre più delle aree vuote, la polvere piano piano ricopriva le copertine e i tavoli. Noi cercavamo tra gli amici quelli che volessero fare dei turni di sostituzione. Ci incrociavamo raramente, imbronciati e accusatori. Venne Mauro, poi venne Pino, poi Loretta e altri ancora. Iniziai a dedicare sempre più energie alla nuova casa editrice che avevo creato da poco assieme a Sandra. Gli altri della libreria mi guardavano con biasimo. Il sogno si andava sfaldando.

Continuavamo a organizzare incontri. Anche se la libreria si stava spegnendo, trovavamo altre occasioni per invitare persone interessanti a raccontare le loro storie. Mi era rimasto il pallino del fallimento del socialismo e seguivo da vicino le vicende polacche. Gli operai di quel paese avevano fondato un grande sindacato, Solidarność, e rivendicavano il potere che avrebbero dovuto avere secondo le leggi di quello stato. Assieme ad alcuni amici polacchi, a un messicano e a un italiano, pubblicavamo una rivista che si chiamava *Danzica*, la città nei cui cantieri navali era scoppiata la rivolta operaia. Invitammo in libreria un professore polacco nostro amico a parlare degli eventi di quel paese. Lui era diventato già piuttosto noto dopo che una popolare trasmissione di Renzo Arbore lo aveva trasformato in uno dei suoi personaggi. In TV il nostro amico era semplicemente se stesso, ma agli occhi dei telespettatori appariva come una macchietta del socialismo reale. Cicciotto, con gli occhiali, un nome alla Čajkovskij, un accento buffo, vestito di grigio e sempre con la cravatta, sembrava una caricatura dell'intellettuale dell'Est come lo immaginavamo noi occidentali. Invece era tutto vero, lui era così anche nella realtà, quando andavamo a cena a casa sua o quando parlava alle nostre riunioni. Quella sera era venuto con la fidanzata, una donna dalla bellezza vistosa, con una folta chioma rossa e splendidi occhi verdi, mezzo metro più alta di lui. La discussione sulla rivoluzione polacca prese improvvisamente una svolta inattesa. Il pubblico, serio e concentrato, seguiva in religioso silenzio. Lei lo interruppe e lo contraddisse. Lui stizzito le gridò: «Tu nella testa hai il cappuccino». Nessuno lo sapeva, ma si riferiva al fatto che lei avesse un amante italiano. E lei: «Ti piacerebbe, a te, averlo, il cappuccino». Non ricordo se i presenti risero o se non compresero come il piccolo dramma familiare avesse invaso e cancellato quello politico. Io mi divertii molto e benedissi la libreria per averci regalato quello spettacolo poco televisivo e molto umano, uno degli ultimi momenti memorabili di un'avventura che di lì a poco si sarebbe malinconicamente, e definitivamente, conclusa.

L'idea della libreria mi era venuta diversi anni prima, a Parigi. Ero in compagnia di Nina, un pomeriggio in cui eravamo andati in una libreria aperta di recente, con legno chiaro e metallo verde. Quel giorno cominciai a pensare a un posto tutto per me e per i miei amici. Avrei potuto consigliare loro i libri che mi erano piaciuti. Dentro quelle mura sarei rimasto protetto dalle turbolenze del mondo esterno. Una luce calda ci avrebbe avvolti. Avremmo parlato di storie anche tristi e minacciose, ma lo avremmo fatto al riparo dalla violenza del mondo. Insieme avremmo capito tante cose che avrebbero aggiustato i guasti della vita. Per ognuno ci sarebbe stato il libro giusto, quello che l'avrebbe consolato o gli avrebbe indicato il percorso da seguire. Nella nostra libreria sarebbero confluite persone in cerca di amicizia e di sapere. Più guardavo quella libreria bianca e verde, più desideravo di averne una simile, mia, nella quale accogliere il mondo. Pensavo, speravo, che mi avrebbe guarito dalla ferita di non saper stare con gli altri.

Una libreria è un luogo d'incontro, quello che Amazon non potrà mai essere. Un'utopia che si rinnova, il sogno d'incontrare dei personaggi e delle persone. Incrociare Edmond Dantès ed Elena..., Tom... e Zelda..., Christa Wolf ed Ernest Hemingway, assieme agli amici di ogni giorno. Ascoltare un loro pensiero e dire loro quanto li amiamo. Imparare dalle vite degli altri. Mischiare la loro vita con la nostra. Tornare indietro nei secoli, sognare. Sentirsi una nuova persona, liberarsi. Trovare nuove risorse, nuove possibilità. Uscire dalle gabbie quotidiane, viaggiare, volare, diventare qualcun altro. La libreria è libertà, la cosa più vicina alla libertà che mi sia capitato di vivere.

Capii questo, quel giorno, nella libreria bianca e verde a Parigi.

INDICE

Appendice

Finito di stampare il 20 dicembre 2021
presso Arti Grafiche La Moderna di Roma